五十音順古社寺索引

鎌倉市は市名を略した.

鶴岡八幡宮　史跡　雪ノ下
鎌倉を代表する神社．源頼義が由比郷に八幡宮を勧請し，治承４年（1180）源頼朝が現在地に遷座した．流鏑馬など鎌倉幕府の年中行事は当宮を中心として行われており，現在にも受け継がれている．平成22年（2010）３月に天然記念物であった大銀杏が強風により倒壊し，大きな話題となった．

建長寺山門

円覚寺山門

鎌倉五山

鎌倉時代末期に五山の制が設けられ，たびたび改定されたが，至徳３年(1386)に第１位建長寺以下，円覚寺，寿福寺，浄智寺，浄妙寺の位次が決定された．無学祖元・夢窓疎石など，五山諸寺の複数に住持し，日本における臨済宗を発展させていった僧もいる．一方で，建長寺の大覚派と円覚寺の仏光派の対立により，円覚寺に火が放たれるといった争いもあった．それぞれの境内は国指定史跡となっている．

寿福寺

浄智寺山門

浄妙寺

荏柄神社　二階堂
長治元年(1104)に勧請されたと伝えられる．重要文化財である社殿は，鶴岡八幡宮修造の際に古材を譲り受けて造営されている．

銭洗弁財天　佐助
八坂大神の境外末社．鎌倉五名水の１つ，銭洗水がある．その水で洗ったお金を使うと２倍になって戻ってくると伝えられている．

長勝寺　材木座
日蓮に帰依した石井長勝によって創建されたと伝えられる．帝釈堂の前には日蓮および四天王の立像が並ぶ．２月に行われる僧侶の荒行が知られる．

本覚寺夷堂　小町
１月10日に行われる鎌倉えびすで知られる．配流となった日蓮が佐渡から戻り，夷堂に留まったことがあるという．現在の夷堂は昭和56年（1981）に再建されたもの．

報国寺竹の庭　浄明寺
竹林に石塔などを配した庭があり，竹の寺として親しまれる．宅間上杉氏の始祖重兼の屋敷地であったとされ，宅間寺とも呼ばれる．

瑞泉寺庭園　史跡・名勝　二階堂
鎌倉公方の墓所となった寺で，開山である夢窓疎石により庭園が造られた．岩肌に穿たれた穴と池があり，花の名所としても知られる．

由比若宮例祭　材木座
鶴岡八幡宮の発祥の地である由比若宮の例祭．４月２日に行われる．

御霊神社面掛行列　坂ノ下
県指定無形民俗文化財．９月18日の例祭において行われる．翁・おかめ・福禄寿など10種の面をつけた行列が，街を練り歩く．

光明寺お十夜　材木座
10月12～15日に行われる法要．光明寺は浄土宗の関東総本山であり，毎年この時期には全国から信徒が集まり，夜を徹して念仏を唱える．

杉本寺　二階堂

天平６年(734)行基によって創建され，鎌倉最古の寺とされる．十一面観音像を本尊とし，杉本観音とも呼ばれる．坂東三十三観音霊場・鎌倉三十三観音霊場の第一番札所であり，多くの巡拝者が訪れる．

鎌倉古社寺辞典

吉川弘文館編集部［編］

吉川弘文館

はしがき

武家政権発祥の地として知られる鎌倉には、非常に多くの寺院や神社がひしめくような密度で存在しています。これらの歴史を知ることは、鎌倉という町やその成り立ちを知るうえで欠かせないことといえます。

この地でいちばん古い寺は、鶴岡八幡宮から東に進んだ二階堂の地にある、天平六年(七三四)開創の杉本寺といわれますが、多くは源頼朝の鎌倉入り(治承四年(一一八〇))以降に創られたものです。頼朝が造営・発展させた鶴岡八幡宮や、権力者の帰依を受けた高僧による建長寺・円覚寺、あるいは季節の花の名所などがよく知られ、海外からも多くの観光客が訪れます。しかし、そのかたわらには、鎌倉幕府による布教弾圧の舞台となったり、もとは鎌倉武士たちの邸であった寺も多く、幕府滅亡後に鎮魂のために建てられた神社もひっそりと存在しているのです。

社寺一つ一つの由緒には、実際に訪れないとわからないことも多くありますが、参詣するために事前に調べる道具が求められ、また、現地での伴侶となるよりどころがあれば一層拝観や散策を楽しめます。

本書は、そうした要望に応えられるよう、社寺の起源や歴史、さらには国宝から市の文化財までを詳細に解説したものです。項目は、小社刊行の『国史大辞典』や『日本仏教史辞典』『神道史大辞典』から選定したほか、編集部のもとで大幅に増補・執筆したものを併せて掲載しました。

そのほか、巻頭には略地図、巻末には年中行事や国宝・重文・史跡のほか鎌倉十井などの一覧、略年表、関係人物や用語解説などの付録を掲載し、鎌倉を巡り、深く知るために役立つ情報を盛り込み、編集しました。

本書が、多くの方々のお役に立つことができれば幸いです。

二〇一一年五月

吉川弘文館編集部

凡例

項目

一　本辞典は、鎌倉市内の社寺（現存しないものも含む）を中心に、鎌倉と関係の深い、隣接する逗子・藤沢・横須賀・横浜市の社寺を加えて収録し、適宜文化財・関連用語の小見出しを立てて解説した。

二　『国史大辞典』『神道史大辞典』『日本仏教史辞典』収録の社寺のほか、必要と思われる社寺を新たに立項した。

配列

一　対象地域を六つのエリアに区分し、エリアごとに社寺の名称の五十音順に配列した。エリア区分図は、凡例の末尾に示す。

記述

一　文体・用字

1　漢字まじりのひらがな書き口語文とし、引用文をのぞき、現代かなづかいを用いた。

2　漢字は、歴史的用語・引用文などのほかは、常用漢字・新字体を用いて記述した。
3　数字は、漢数字を使用し、十・百・千・万などの単位語を付した。ただし、西暦、文献の編・巻・号などは、単位語を略した。

二　年次・年号

1　年次表記は、原則として年号を用い、(　)内に西暦を付け加えた。
2　改元の年は、原則として新年号を用いた。

三　記述の最後に、基本的な参考文献となる著書・論文・史料集をあげ、研究の便を図った。

四　項目の最後に、執筆者名を(　)内に記した。

五　執筆者名のない項目は、吉川弘文館編集部のもとで解説を作成した。その際、『鎌倉市史』社寺編(一九六七、吉川弘文館)と、三浦勝男解説『鎌倉の古絵図』(『鎌倉国宝館図録』一五―一七、一九六八―七〇)のほか諸書を参照した。

六　記号

『　』　書名・雑誌名・叢書名などをかこむ。
「　」　引用文または引用語句、特に強調する語句、および論文名などをかこむ。
↓　参考となる関連項目を示す。
(　)　注、および角書・割注を一行にしてかこむ。

〜　数の幅を示す。　例：二〇〜三〇センチ

・　並列点および小数点を示す。

エリア区分

1　鎌倉駅・金沢街道周辺

2　北鎌倉駅・扇ガ谷周辺

3　材木座から長谷周辺

4　大船・市北西部

5　腰越・市南西部

その他　鎌倉市外

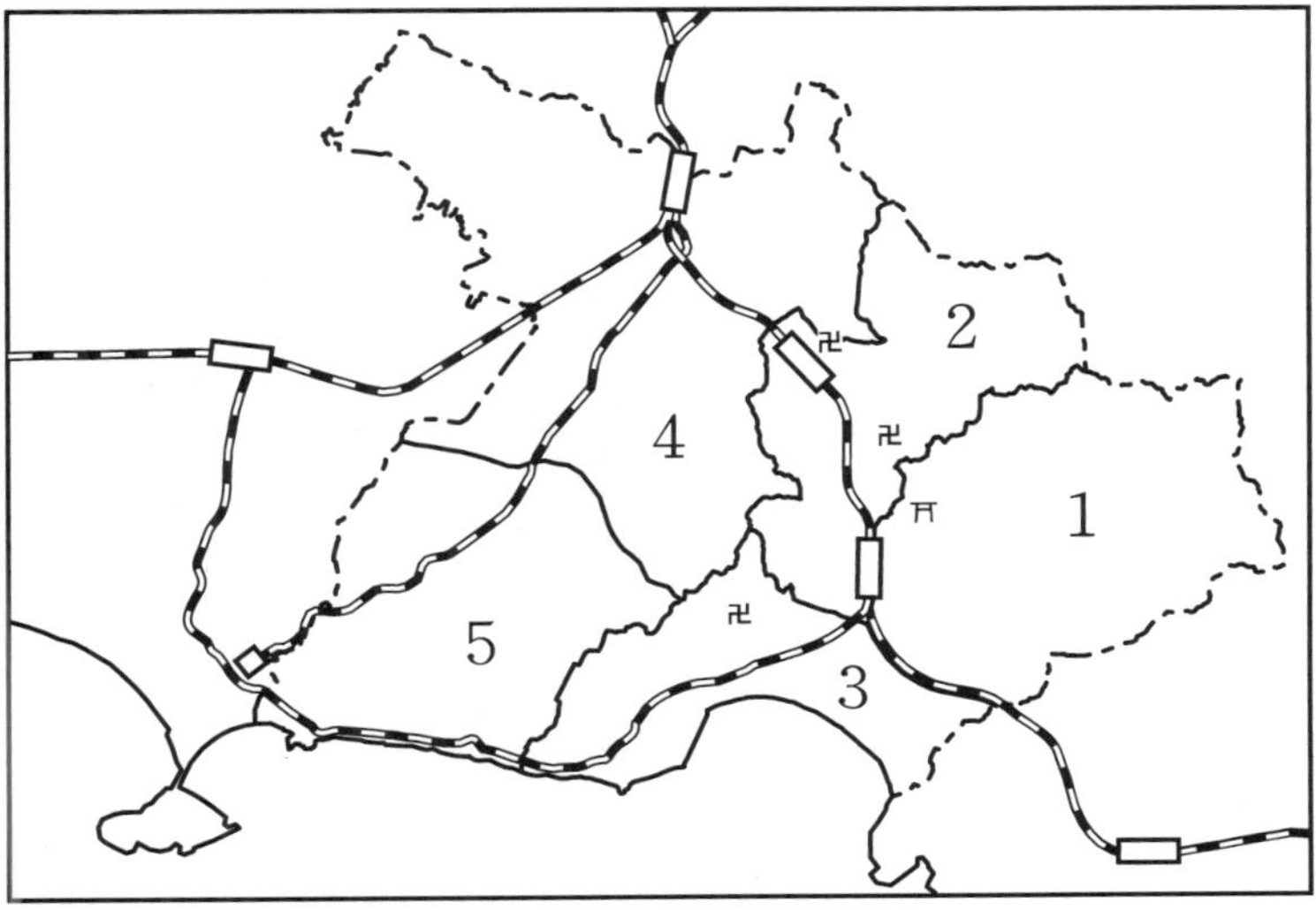

目次

付録

口絵写真
井上久美子撮影
円覚寺山門・浄智寺山門
(社)鎌倉市観光協会提供
光明寺お十夜・御霊神社面掛行列・浄妙寺・杉本寺・銭洗弁財天
フォトライブラリー提供
荏柄神社・建長寺山門・瑞泉寺庭園・長勝寺・鶴岡八幡宮・報国寺竹の庭

函写真
(表) 鎌倉大仏
井上久美子撮影
(裏) 鶴岡八幡宮流鏑馬
JTBフォト提供

鎌倉古社寺分布地図

概　念　図　（数字はページ数を表す）

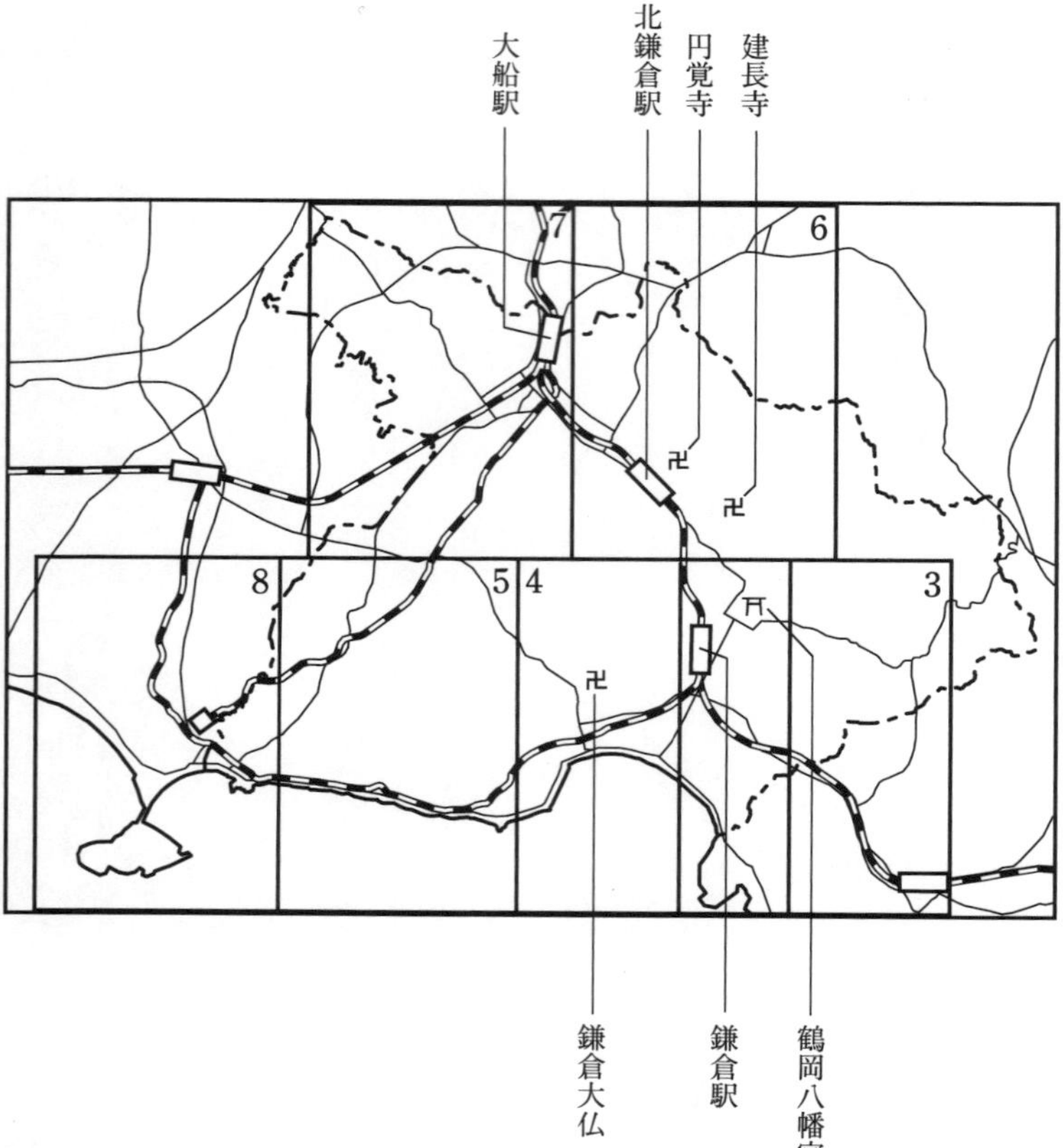

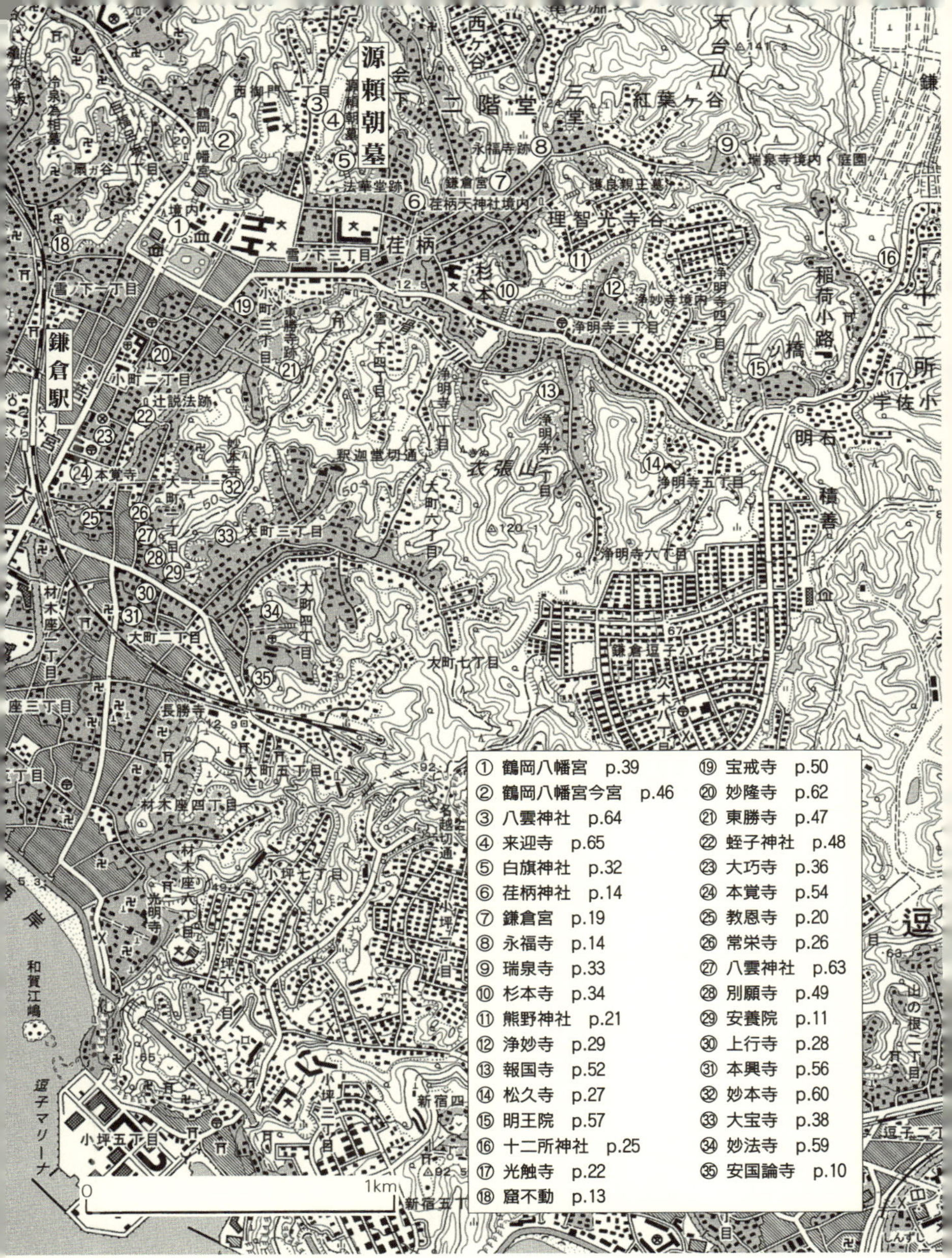
源頼朝墓
鎌倉駅
① 鶴岡八幡宮 p.39
② 鶴岡八幡宮今宮 p.46
③ 八雲神社 p.64
④ 来迎寺 p.65
⑤ 白旗神社 p.32
⑥ 荏柄神社 p.14
⑦ 鎌倉宮 p.19
⑧ 永福寺 p.14
⑨ 瑞泉寺 p.33
⑩ 杉本寺 p.34
⑪ 熊野神社 p.21
⑫ 浄妙寺 p.29
⑬ 報国寺 p.52
⑭ 松久寺 p.27
⑮ 明王院 p.57
⑯ 十二所神社 p.25
⑰ 光触寺 p.22
⑱ 窟不動 p.13
⑲ 宝戒寺 p.50
⑳ 妙隆寺 p.62
㉑ 東勝寺 p.47
㉒ 蛭子神社 p.48
㉓ 大巧寺 p.36
㉔ 本覚寺 p.54
㉕ 教恩寺 p.20
㉖ 常栄寺 p.26
㉗ 八雲神社 p.63
㉘ 別願寺 p.49
㉙ 安養院 p.11
㉚ 上行寺 p.28
㉛ 本興寺 p.56
㉜ 妙本寺 p.60
㉝ 大宝寺 p.38
㉞ 妙法寺 p.59
㉟ 安国論寺 p.10
0
1km

3　鎌倉古社寺分布地図

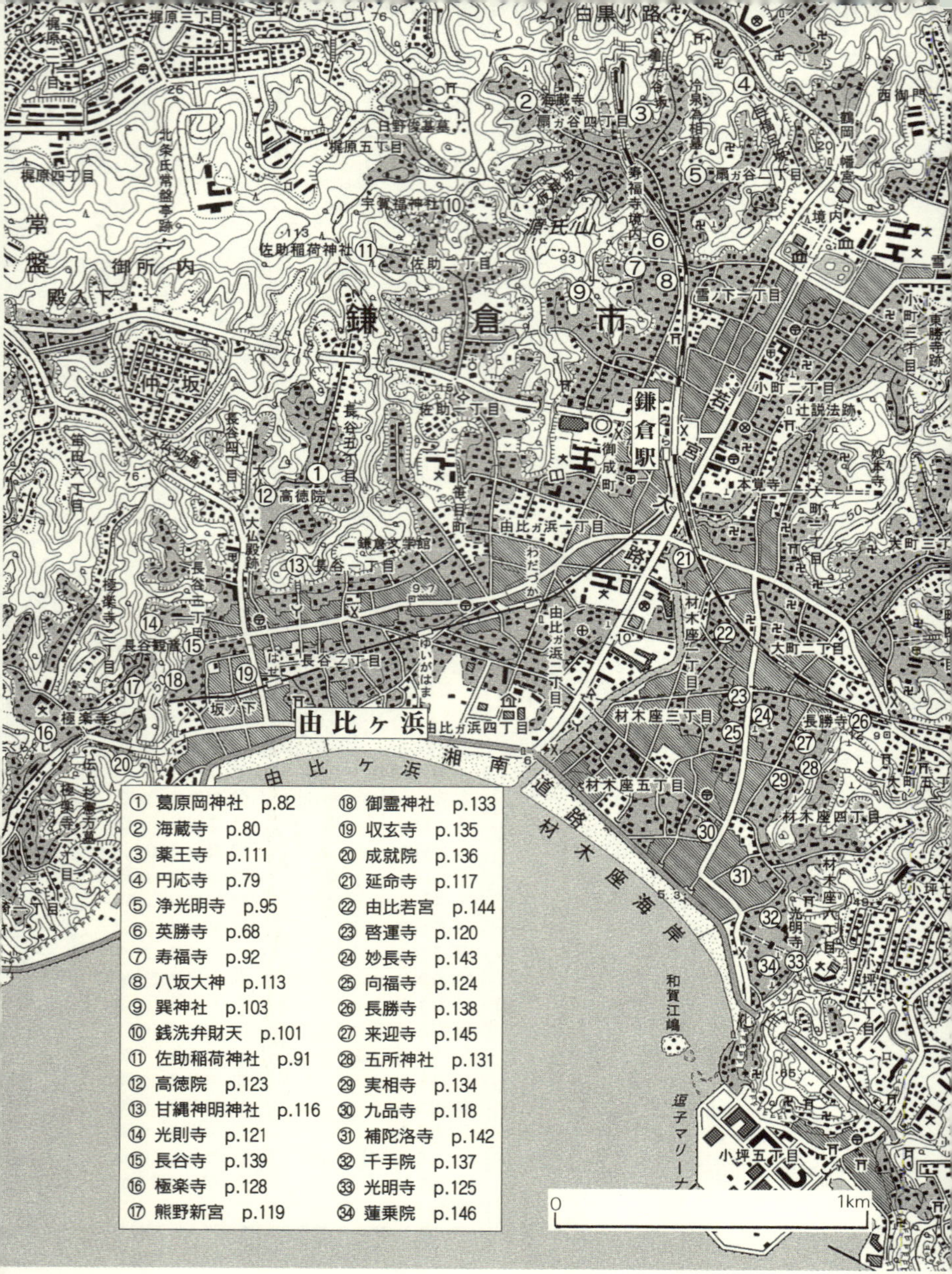
鎌倉市
鎌倉駅
由比ヶ浜
湘南道路
材木座海岸
和賀江嶋
① 葛原岡神社 p.82
② 海蔵寺 p.80
③ 薬王寺 p.111
④ 円応寺 p.79
⑤ 浄光明寺 p.95
⑥ 英勝寺 p.68
⑦ 寿福寺 p.92
⑧ 八坂大神 p.113
⑨ 巽神社 p.103
⑩ 銭洗弁財天 p.101
⑪ 佐助稲荷神社 p.91
⑫ 高徳院 p.123
⑬ 甘縄神明神社 p.116
⑭ 光則寺 p.121
⑮ 長谷寺 p.139
⑯ 極楽寺 p.128
⑰ 熊野新宮 p.119
⑱ 御霊神社 p.133
⑲ 収玄寺 p.135
⑳ 成就院 p.136
㉑ 延命寺 p.117
㉒ 由比若宮 p.144
㉓ 啓運寺 p.120
㉔ 妙長寺 p.143
㉕ 向福寺 p.124
㉖ 長勝寺 p.138
㉗ 来迎寺 p.145
㉘ 五所神社 p.131
㉙ 実相寺 p.134
㉚ 九品寺 p.118
㉛ 補陀洛寺 p.142
㉜ 千手院 p.137
㉝ 光明寺 p.125
㉞ 蓮乗院 p.146
0 1km

稲荷神社 p.182
熊野神社 p.184
青蓮寺 p.188
仏行寺 p.190
三島神社 p.196
円久寺 p.151
八雲神社 p.177
子守神社 p.185
竜口明神社 p.197
鎌倉山神社 p.182
霊光寺 p.198
西鎌倉駅
七里ヶ浜
稲村ヶ崎
稲村ヶ崎(新田義貞徒渉伝説地)
上耕地
常盤
殿
清水
通り町
川名
手広
笛田
西鎌倉
蟹田谷
御所
腰越
津
室ヶ谷
鎌倉山
七里ガ浜東
湘南モノレール
江ノ島電鉄
0
1km

5　鎌倉古社寺分布地図

① 五社稲荷神社 p.157
② 大長寺 p.169
③ 西念寺 p.160
④ 常楽寺 p.163
⑤ 多門院 p.170
⑥ 熊野神社 p.157
⑦ 白山神社 p.108
⑧ 称名寺 p.100
⑨ 成福寺 p.162
⑩ 厳島神社 p.150
⑪ 八幡神社 p.175
⑫ 稲荷神社 p.151
⑬ 光照寺 p.89
⑭ 八雲神社 p.112
⑮ 円覚寺 p.69
⑯ 東慶寺 p.105
⑰ 浄智寺 p.98
⑱ 明月院 p.109
⑲ 長寿寺 p.104
⑳ 建長寺 p.84
㉑ 覚園寺 p.17
北鎌倉駅
横須賀線
六国見山
円覚寺
円覚寺境内
庭園
浄智寺境内
明月院境内
建長寺境内・庭園
覚園寺境内
西管領屋敷
東管領屋敷
巨福山
半僧坊
山内
岩瀬
大船
高野
今泉一丁目
今泉二丁目
今泉四丁目
今泉不動
今泉台三丁目
今泉台四丁目
今泉台五丁目
今泉台六丁目
公田町
桂町
鎌倉女子大学
鎌倉芸術館
三菱電機工場
警察学校
大船四丁目
小袋谷二丁目
西瓜ケ谷
東瓜ケ谷
0
1km

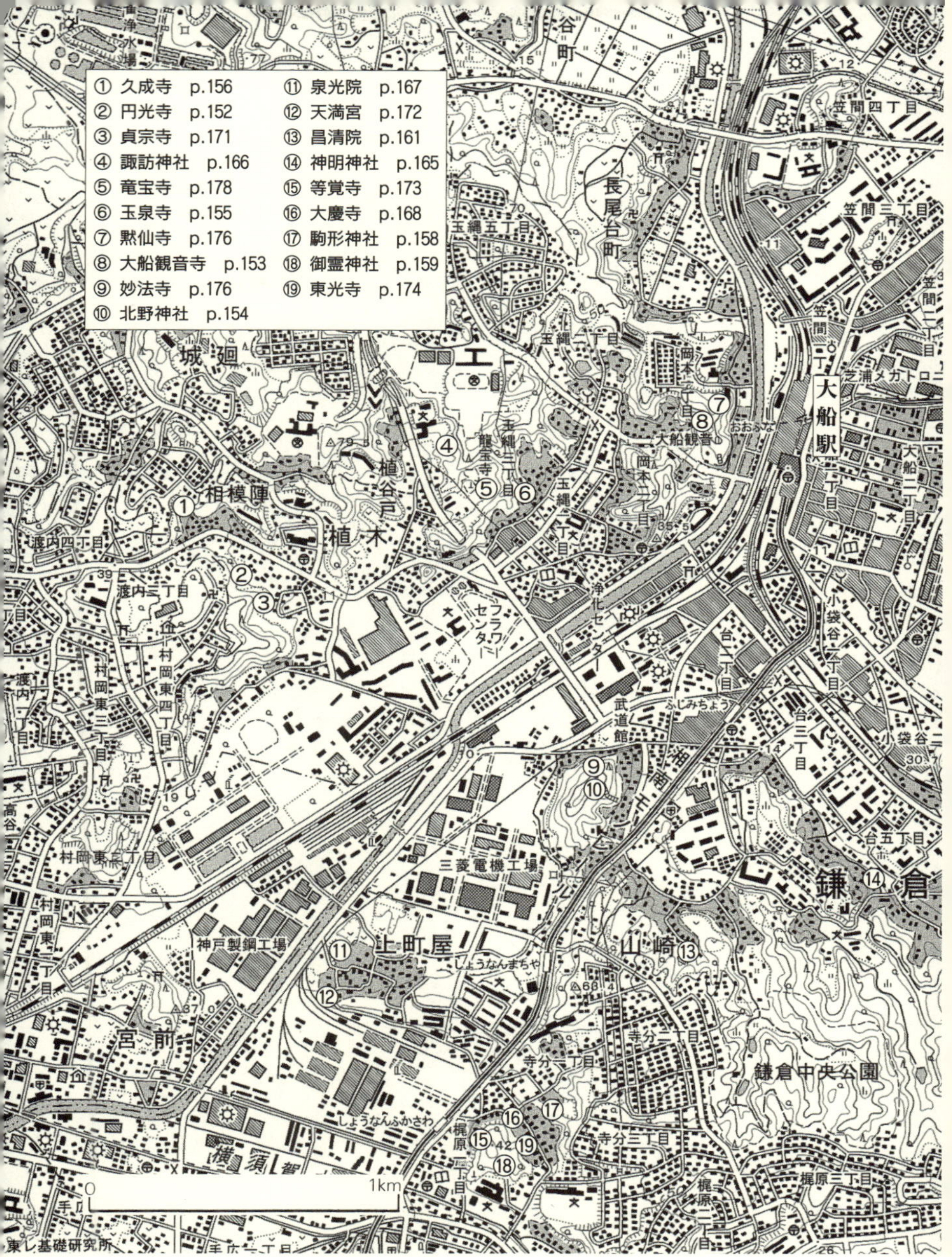
① 久成寺 p.156
② 円光寺 p.152
③ 貞宗寺 p.171
④ 諏訪神社 p.166
⑤ 竜宝寺 p.178
⑥ 玉泉寺 p.155
⑦ 黙仙寺 p.176
⑧ 大船観音寺 p.153
⑨ 妙法寺 p.176
⑩ 北野神社 p.154
⑪ 泉光院 p.167
⑫ 天満宮 p.172
⑬ 昌清院 p.161
⑭ 神明神社 p.165
⑮ 等覚寺 p.173
⑯ 大慶寺 p.168
⑰ 駒形神社 p.158
⑱ 御霊神社 p.159
⑲ 東光寺 p.174
城廻
相模陣
植木
長尾台町
笠間四丁目
笠間三丁目
大船駅
玉縄五丁目
玉縄一丁目
大船観音
渡内四丁目
渡内三丁目
武道館
三菱電機工場
神戸製鋼工場
上町屋
山崎
鎌倉
寺分一丁目
寺分二丁目
寺分三丁目
鎌倉中央公園
台五丁目
宮前
梶原三丁目
東レ基礎研究所
0
1km

7　鎌倉古社寺分布地図

① 竜口寺 p.210
② 法源寺 p.191
③ 宝善院 p.192
④ 本竜寺 p.193
⑤ 勧行寺 p.183
⑥ 東漸寺 p.189
⑦ 本成寺 p.193
⑧ 妙典寺 p.196
⑨ 浄泉寺 p.187
⑩ 満福寺 p.194
⑪ 小動神社 p.186
⑫ 江島神社 p.202
江ノ島駅
小動岬
江の島
鎌倉市
湘南海岸公園
新江ノ島水族館
江の島大橋
湘南港
江の島ヨットハーバー
片瀬橋
境川橋
腰越
龍口寺
新林公園
0
1km

鎌倉駅・金沢街道周辺

若　宮　大　路

安国論寺

あんこくろんじ

大町四丁目四―一八に所在する日蓮宗寺院。山号は妙法山。もと大町の妙本寺末寺。開山は日蓮（一二二二―八二）、本尊は日蓮上人像。日蓮が延暦寺で修行後、郷里の安房清澄寺で法華経至上主義による布教を進めようとしたが、土地の地頭との確執から同寺を退去せざるを得なくなり、建長五年（一二五三）鎌倉に活路を求めて最初に庵を結んだ旧跡が本寺という。松葉ヶ谷の庵室がそれで、小町夷堂《えびすどう》の傍らでの辻説法をしながら信徒を得ていった。正嘉二年（一二五八）から足かけ三年駿河国実相寺での思索を終え、文応元年（一二六〇）にもとの庵室に戻り『立正安国論』を完成させ、執権北条時頼に上書した。幕府には黙殺されたが、批判された浄土宗からの迫害を受けるようになり、文応元年八月二十七日の夜に庵室が襲われ、日蓮は鎌倉退去を余儀なくされた。その庵室が時期不明ながら寺院化して安国論寺になったという。同様の伝説は妙法寺や長勝寺にも伝えられている。境内には、祖師堂・御小庵・日朗茶毘所・山門などがある。日蓮が『立正安国論』を執筆したと伝える窟があり、大永元年（一五二一）に書かれたという扁額「安国論窟」があったといい、旧跡として扱われていたことがわかる。この窟は、大正十二年（一九二三）の関東大震災で崩壊し、昭和三十五年（一九六〇）ころに修復された。文化財とし

安国論寺山門

安国論寺本堂

て「紙本著色日蓮上人松葉谷行状図」一幅が鎌倉市の指定文化財となっている。境内のカイドウ・ヤマザクラ・サザンカは市の天然記念物。

参考文献 大野達之助『日蓮』(『人物叢書』六)

安養院

あんよういん

大町三丁目一―二二に所在する浄土宗寺院。山号は祇園山、寺号は長楽寺、院号を安養院とする。本尊は阿弥陀如来。坂東三十三観音の第三番札所であるとともに、鎌倉三十三観音の第三番札所ともなっている。源頼朝の菩提を弔うため、正室政子が建立したと伝える。願行が開山となり当初律宗寺院として、鎌倉市笹目の長楽寺谷に創建され、のち昌誉の時に浄土宗に変わったと伝わるが、同名の長楽寺がほかに存在し、その寺伝と混交している可能性もある。『北条九代記』によれば延慶三年(一三一〇)十一月の鎌倉大火の失火元となったという。また『快元僧都記《かいげんそうずき》』には天文四年(一五三五)から九年にかけて安養院の玉運が鶴岡八幡宮の浜の大鳥居再建の勧進と建立に尽くしたことがみえる。小田原北条氏による敷地の安堵と棟別銭の免除や、徳川家康や歴代将軍による寺領安堵など時の権力者の保護を受けることができた。延宝八年(一六八〇)十月晦日に町屋の失火から全焼したが、再建時に比企ヶ谷

安　養　院　本　堂

安養院宝篋印塔

にあった末寺の田代観音堂を境内に移転させた。この観音堂の本尊千手観音が坂東三十三観音の第三番札所となっており、以後当院が札所となった。大正十二年(一九二三)の関東大震災で、裏山が崩壊し、本堂と庫裡が全壊した。その後本堂は昭和三年(一九二八)に再建された。境内にある石造宝篋印塔は、相輪部は後補であるが、台座に徳治三年(一三〇八)(「徳治三季(戊申)七月日」)の刻銘があり、鎌倉に現存する石塔の中では最古のものとされ、昭和二十九年三月二十日に国の重要文化財に指定されている。北条政子関係のもの

として、墓と伝える宝篋印塔、位牌（「安養院如実妙観大禅定尼」）と法体の木像が残る。ほかに、木造願行房円満上人坐像一軀が鎌倉市指定文化財。境内のマキは市の天然記念物となっており、またツツジの名所として知られる。

窟不動
いわやふどう

雪ノ下二丁目二―二一に所在する堂宇。古く『吾妻鏡』文治四年（一一八八）正月一日条に「窟堂下」とみえ、源頼朝の鎌倉入り以前から存在したといわれる。岩屋堂・岩井堂・窟堂などとも呼ばれ、不動明王を安置する。建久三年（一一九二）南御堂で催された後白河法皇四十九日の仏事に他の寺社とともに窟堂として名を連ねている（『吾妻鏡』）。雪ノ下と扇ガ谷の堺に位置し、西に英勝寺があり堂前の不動坂を経て鶴岡八幡宮に通じていた。窟堂の東には以前松源寺《しょうげんじ》があり、松源寺は鶴岡八幡宮社僧で窟堂はその管理下にあった。

窟不動

参考文献 『鎌倉の古絵図』三（『鎌倉国宝館図録』一七）

永福寺

えいふくじ

二階堂にあった鎌倉時代初期創建の台密系の寺院。室町時代中期以後廃絶。三堂山と号し、「ようふくじ」ともいい、別名を二階堂ともいった。現在汀石や中の島など苑池の一部が残っている。旧境内の一部は昭和二十八年(一九五三)神奈川県指定の史跡名勝、同四十一年国指定の史跡。永福寺事始めは文治五年(一一八九)に行われた。源頼朝は奥州中尊寺の二階大堂大長寿院を模して作らせ、建久三年(一一九二)十一月、落慶供養を行なった。弟義経・藤原泰衡ら数万の怨霊の菩提を弔うのが目的である。本堂である二階堂のほか阿弥陀堂・薬師堂・多宝塔など伽藍や僧坊が建ち、鶴岡若宮、勝長寿院大御堂、大慈寺とともに鎌倉の四大寺社の一つで、寺格も高く、建物の壮麗で知られた。頼家以後の将軍はしばしばここで花見などを行なった。元弘三年(一三三三)北条高時滅亡後、千寿王(足利義詮)が二階堂の別当坊に居り、その後も戦乱の時武将の宿営とされた。平成九年(一九九七)度終了の発掘調査では、三堂・廻廊などの規模が明らかとなった。永福寺跡内経塚出土品として渥美焼外容器・銅製経筒や腰刀・水晶製数珠・木製櫛・扇などが神奈川県指定文化財に、その他の出土荘厳具は鎌倉市指定文化財となっている。大正九年(一九二〇)三月に鎌倉町青年会が建てた「永福寺旧蹟」の碑が建つ。

参考文献 『鎌倉市史』社寺編、貫達人『鎌倉の廃寺』(『鎌倉国宝館論集』五)

(貫　達人)

荏柄神社

えがらじんじゃ

二階堂七四に鎮座。旧村社。祭神は菅原道真で、相殿に須佐男尊・伊弉諾尊《いざなぎのみこと》・伊弉冊尊《いざなみのみこと》・天鈿女命《あめのうずめのみこと》を祀る。二階堂の鎮守。社伝によると長治元年（一一〇四）の勧請と伝える。『正倉院文書』の天平七年（七三五）『相

荏　柄　神　社

模国封戸租交易帳』と『和名類聚抄』にみえる鎌倉郡荏草郷は、このあたりであると推定されている。源頼朝は当社を幕府の鬼門の鎮守としたと伝える。建仁二年（一二〇二）九月十一日、当社の祭に源頼家が奉幣している。道真の三百年祭であるとされている。建保元年（一二一三）、和田氏の乱の発端となった事件で捕えられ、殺されるはずであった渋河兼守は十首の和歌を当社に奉納し、源実朝から特赦をうけた。寛元二年（一二四四）、密通の有無につき、起請参籠をさせたこともある。『鎌倉年中行事』によると、鎌倉公方が正月二十三日と二十五日に参詣、千句の催し、二月二十三日より二十五日までは参籠する例であった。『鎌倉大草紙』によれば、康正元年（一四五五）今川範忠が鎌倉に乱入し、足利成氏が古河に逃れた際、当社の神体が掠奪されたが、のちにおのずから戻ったという。室町時代中期以後、少別当の名がみえ、戦国時代以後、神仏分離までは別当一乗院があった。社殿は、弘安三

年（一二八〇）・延慶三年（一三一〇）など火災にあっている。天文十七年（一五四八）には北条氏康が社殿造営のため関を寄進し、関銭徴収の法を定めている。関はいまの関取橋の付近にあったと伝える。境内から桃山時代の十六花弁菊花文の棟瓦が出土した。寛永元年（一六二四）以後は、鶴岡八幡宮修造のたびに、その古材・残木をうけて社殿を造営している。現在の社殿も、大正十二年（一九二三）大震災のあとの八幡宮の仮宮を移建したという。社領は、『小田原衆所領役帳』に二十一貫百文とみえ、天正十九年（一五九一）、徳川家康は十九貫二百文を寄進している。例祭は七月二十五日。一月二十五日に筆供養が、二月八日に針供養が催される。社宝に『荏柄天神縁起』三巻、庖丁正宗一口などがあったが、現在はいずれも尊経閣文庫の所蔵に帰し、当社には模造が残されている。

参考文献　河井恒久『新編鎌倉志』二（『大日本地誌大系』）、『新編相模国風土記稿』九〇（同）、『鎌倉市史』社寺編

（貫　達人）

荏柄神社の文化財

境内は国の指定史跡となっている。銅板葺三間社流造の本殿と、弘長元年（一二六一）五月八日の造像銘を持つ木造天神坐像一軀（附木造天神立像）は国の重要文化財に指定されている。『荏柄天神社文書』、「紙本著色束帯天神像」四幅（附「紙本墨書天神名号」一幅）は鎌倉市指定文化財となっている。なお、境内のイチョウは市の天然記念物。

青梅聖天社

おうめしょうてんしゃ

雪ノ下二丁目六に鎮座。巨福呂《こぶくろ》坂切通の脇にある。鎌倉将軍が病床に伏したとき、季節はずれの青梅をほしがり、ようやく本社の前で見つかり、将軍に献上されたと伝え、その平癒により社名を名付けられたという。

例祭は七月十六日。境内の稲荷社は丸山稲荷と呼ばれる。木造歓喜天立像一軀が鎌倉市指定文化財となっている。

青　梅　聖　天　社

覚園寺

かくおんじ

二階堂四二一にあり、鷲峯山《じゆぶせん》真言院覚園寺と号する。もと真言・律・禅・浄土の四宗兼学、現在は古義真言宗。京都泉涌寺の末寺である。開山は心慧智海、開基は北条貞時。本寺の前身大倉薬師堂（大倉新御堂）は建保六年（一二一八）北条義時が建立し、永仁四年（一二九六）貞時が元寇退散の祈願をこめて、大倉薬師堂を寺とした。建武中興後、後醍醐天皇の勅願所となり、ついで北朝、足利氏の祈願所となった。中興開山朴艾《ぼくがい》思淳《しじゆん》は足利尊氏・基氏に信任され、伽藍の建立に功があったばかりでなく、毎月定例の法事、年中行事を定めた月課年課の記をのこした。応永年間（一三九四―一四二八）大いにさかえ、小田原北条氏からも外護をうけ、徳川家康からは七貫百文の寄進をうけた。火災は、建武四年（一三三七）、延文三年（一三五八）、天保元年（一八三〇）、明治二年（一八六九）の四度あり、元禄・大正の地震の災もうけている。塔頭は、光明院・開山塔泉竜院・持宝院・蓮華院・東昌院・大悲院などがあった。覚園寺には付近の廃絶した大楽寺・理智光寺旧蔵の仏像も多く、重要文化財指定の本尊薬師三尊・黒地蔵を中心として、仏像彫刻の宝庫として知られている。また境内は自然がよく残されていることでも有名である。八月十日には黒地蔵の縁日がある。

覚園寺山門

参考文献　『鎌倉市史』社寺編　（貫　達人）

覚園寺の文化財

境内は国の指定史跡となっている。

本堂の薬師堂は昭和二十九年（一九五四）十二月三日に神奈川県指定文化財に指定されている。境内のマキ・ナツグミ・ツバキは鎌倉市の天然記念物。また覚園寺の管理する百八やぐらは神奈川県の指定史跡となっている。そのほか境内奥の薬師堂の近くに旧内海家住宅があり神奈川県の指定文化財となっている。

覚園寺開山塔の石造宝篋印塔は、「正慶元年（一三三二）壬申仲冬廿七日」の刻銘があり、同じく覚園寺大燈塔は「正慶元年壬申仲秋廿八日」の刻銘があり、ともに昭和九年一月三十日に国宝に指定され、同二十八年に改めて国の重要文化財に指定された。開山塔納置品および大燈塔の納置品は考古資料として国の重要文化財となっている。

古文書として、『覚園寺文書』九十七通が国の重要文化財となっており、『鎌倉市史』史料編一に所収。

彫刻では、木造地蔵菩薩立像一軀、木造薬師如来及日光菩薩・月光菩薩坐像三軀、木造十二神将立像(像内に応永年間(一三九四―一四二八)の銘と作者名をもつものが五体ある)が国の重要文化財。また寺伝では薬師如来とする木造彩色阿閦如来坐像一軀、鉄造不動明王坐像一軀、木造阿弥陀如来坐像一軀が神奈川県の、木造彩色愛染明王坐像一軀、木造伽藍神倚像三軀、木造聖僧文殊菩薩坐像一軀、木造釈迦如来坐像一軀が鎌倉市の指定文化財となっている。

工芸品としては、木造漆塗護摩壇一基が市指定文化財となっている。

鎌倉宮

かまくらぐう

二階堂一五四に鎮座。官幣中社。大塔《おおとう》の宮《みや》ともいわれる。勧請は明治二年(一八六九)二月十三日に明治天皇の命により、元弘の乱の時に後醍醐天皇を助け勲功を上げたとする護良《もりよし》・宗良《むねよし》両親王をまつるため、それぞれ鎌倉と遠江国井伊谷に神社を創建することとなった。鎌倉二階堂は護良親王が幽閉された終焉の地で、本殿裏に幽閉の跡と伝える土牢が今に残る。同七月十九日天皇は神体神祇官を遣わし二十日に仮神殿(鶴岡八幡宮神主宅)に着き、翌二十一日に鎮座式が行われた。この時、本殿・中門・拝殿ほかを建て、親王の臣村上義光をまつる村上社、侍女の南之方をまつる南方社を摂社とした。明治六年四月天皇は鎌倉で行われた陸軍の野営演習に行幸し、その途次に鎌倉宮にも幸した。

鎌　倉　宮

同年九月九日には官幣中社に列格された。社殿は大正十二年(一九二三)の関東大震災で被害を受けたが、昭和二年(一九二七)—四年に復旧された。境内のオガタマノキは市の天然記念物。例祭は八月二十日で、ほかに五月五日には草鹿《くさじし》が、十月八・九日には薪能が催される。またこの地は、臨済宗の古刹で関東十刹の一つ東光寺の旧地でもある。東光寺は鎌倉時代よりその存在が知られたが、室町時代の十五世紀半ばには廃絶したらしい。なお、鎌倉宮から東に旧二階堂大路を挟んだ位置に護良親王の墓と伝える宝篋印塔があり宮内庁所管となっている。

参考文献　『明治天皇紀』二・三

教恩寺

きょうおんじ

大町一丁目四—二九に所在する時宗寺院。山号は中座山、院号は大聖院。開山は知阿、開基は法名大聖院東陽宗岱公と伝える。この法名は戦国大名北条氏康(一五一五—七一)のもので、創建もそのころのことか。

藤沢市清浄光寺の末寺。阿弥陀如来三尊像を本尊とする。鎌倉三十三観音霊場第十二番札所。『新編鎌倉志』によれば、山号は宝海山といい、材木座の光明寺の境内にあった本寺を延宝六年(一六七八)貴誉上人がやはり光明寺末寺であった善昌寺が廃れた跡の現在地に移転させたとする。また同書には、寺宝として、『平家物語』一〇「千手前」にみえる、虜囚の身となった平《たいらの》重衡《しげひら》の無聊を慰めるために源頼朝より遣わされた女房千手前との酒宴で楽を奏し楽しんだ時の盃が伝わるとする。本尊の阿弥陀如来及び両脇侍立像三軀は鎌倉時代初期の作で県の文化財に指定されている。『新編鎌倉志』によれば、本尊は運慶作で、平重衡が臨終正念を祈り帰依したとも伝える。

教 恩 寺 山 門

熊野神社

くまのじんじゃ

浄明寺六四に鎮座。浄明寺の鎮守で、旧村社。祭神は、伊弉諾尊《いざなぎのみこと》・伊弉冉尊《いざなみのみこと》・天宇順女神《あめのうずめのかみ》。勧請年月は未詳。社伝によれば、応永年間(一三九四—一四二八)、永正年間(一五〇四―二一)に再建したと伝える。文久三年(一八六三)の棟札によれば、明王院院主の明本恵法が別当であったことがわかる。祭礼は七月十七日に近い休日。

熊　野　神　社

光触寺

こうそくじ

十二所七九三に所在する時宗寺院。鎌倉三十三観音霊場第七番札所。山号は岩蔵山、院号は長春院、十二所道場とも称した。もとは真言宗寺院で、その後藤沢市の清浄光寺の末寺となる。本尊は阿弥陀三尊像。開山は一遍智真。山号は「光触寺境内図」などから藤触山とも称していたことが知られる。また、寺蔵の位牌によれば、弘安元年(一二七八)に作阿(?―一二八五)が創建したという。中興の祖は、二十二世覚阿含了、三十一世覚阿大純と伝える。本堂・地蔵堂・庫裡・山門などがある。元禄時代に建立された本堂は大風により倒壊し、安政六年(一八五九)三月に上棟再建したが、大正十二年(一九二三)の関東大震災で大破後、翌年修復された。先の「光触寺境内図」には、門口に光触寺、本堂に火印堂、塀際に一養・向福・蔵福・常徳・霜松の五つの塔頭《たっちゅう》と思われる建物がみえ、そのほか熊野・山王・権現・法蔵・俵蔵などの注記がみえる。絵図の寺地と滑川を挟んだ対岸に地蔵堂の注記がみえるが、これは現在の境内にある地蔵堂のことで、塩嘗《しおなめ》地蔵と俗称される石地蔵が安置される。以前は金沢街道沿いにあった。寺には、国指定の重要文化財として本尊の木造阿弥陀如来及び両脇侍立像と文和四年（一三五五）施入奥書のある『紙本淡彩頬焼《ほほやけ》阿弥陀縁起』二巻が所蔵されている。本尊阿弥陀如来を頬焼阿弥陀といい、

光触寺本堂(上)と塩嘗地蔵(下)

その由来が縁起に記されている。信心深い使用人に盗難の疑いをかけ、折檻のため頰に焼印を押そうとするが、主人の信心する阿弥陀像の頰に焼け跡が残り、主人は悔いるとともに後世に伝えることにしたという。その他文化財としては、鎌倉市指定の「絹本著色阿弥陀三尊像」一幅、『頰焼阿弥陀縁起絵巻模本』二巻がある。

参考文献　『鎌倉の古絵図』一(『鎌倉国宝館図録』一五)

■志一稲荷■　しいちいなり

雪ノ下二丁目三に鎮座。筑紫の僧志一の勧請により建てられた稲荷社で、鎌倉に訴訟のために来たものの訴訟文書を本国に忘れた志一に代わり、日頃から志一に従う狐が一夜にして筑紫と鎌倉を往来して文書をもたらし、狐はそのまま亡くなったため志一がまつったという伝承がある。志一は南北朝期の僧で、足利基氏に仕える関東管領・執事上杉憲顕の帰依を受けて鎌倉に来ることがあり、その後、上京して細川清氏の依頼を

志　一　稲　荷

受けて将軍足利義詮を呪詛したということが『太平記』にみえる。

十二所神社

じゅうにそうじんじゃ

十二所二八五に鎮座。祭神は天神《あまつかみ》七柱・地神《くにつかみ》五柱の十二柱。社名の由来でもある。十二所の鎮守で、旧村社。勧請年月日は未詳だが、『鎌倉市史』によれば、『十二所神社再建記』にみえる享保十四年(一七二九)説に対して、光触寺《こうそくじ》が創建されていた鎌倉時代中期ころには前身となる堂があったと考えられるという。それは『新編鎌倉志』(貞享二年刊行)に鎮守として熊野権現の小祠があったこと、『鎌倉大草紙』(江戸時代初期成立)に十二所という地名が存したこと、江戸時代初期の「光触寺古図」中に寺の左に「熊野」とあること、別当寺であった明王院所蔵の天保九年(一八三八)銘の棟札に「熊野十二所権現社」とあること、これら諸点から社の存在とそれが熊野社であったことがわかる。祭神は、当初の熊野十二所権現(熊野三山を中心に信仰された諸神)から、天神七柱(国之常立神《くにのとこたちのかみ》をはじめとする天神七代)・地神五柱(天照大御神以下の地神五代)

十二所神社鳥居

へと変化しているが、明治初年の神仏分離を機にしたらしいとする。社殿・神楽殿がある。例祭は九月九日に近い日曜日。

十二所神社社殿

■常栄寺■

じょうえいじ

大町一丁目一二―一一に所在する日蓮宗寺院。山号は恵雲山。ぼたもち寺の通称で知られる。もと妙本寺の

常栄寺本堂

末寺。慶長十一年(一六〇六)建立。開山は日詔。開基は日祐。本尊は三宝祖師。寺伝によれば、源頼朝が桟敷を作りここから由比ヶ浜を遠望した。また、桟敷の尼といわれた兵衛左衛門尉の妻が日蓮の竜ノ口法難の際にぼたもちを作って日蓮に進上したことからぼたもち寺の俗称が生まれたといい、寺名も尼の法名妙常日栄がもととなったと伝える。ぼたもち供養が法難のあった九月十二日に行われる。なお、腰越の法源寺も桟敷の尼にゆかりがあり、ぼたもち寺と呼ばれる。

松久寺

しょうきゅうじ

浄明寺五に所在する曹洞宗寺院。山号は長盛山。開山は心霊牛道(?—一六五五)で、開創年代は不明。本尊は地蔵菩薩像。もともと本寺は江戸に創建され、寛文八年(一六六八)に芝白金に移転し、第二次大戦後の昭和四十一年(一九六六)に現在地に再移転した。当初境内には花城《はなき》天満宮が勧請されていた。菅原道真自刻といわれる天神像が伝えられる(『江戸名所図会』二)。

松久寺本堂

上行寺

じょうぎょうじ

大町二丁目八―一七に所在する日蓮宗寺院。山号は法久山、院号は大前院。もと京都本圀寺の末寺。開山は日範。本尊は三宝諸尊。正和二年(一三一三)の創建と伝える。ここには水戸藩士で万延元年(一八六〇)三月の桜田門外の変で井伊直弼襲撃に加わった、水戸十七士(襲撃は薩摩藩士を含め十八人)の一人広木松之介の墓がある。広木は襲撃後、闘死・自刃あるいは自訴した十三人とは別にその場を逃れたが、その後本寺で自

上行寺山門(上)と瘡守稲荷神社(下)

刃した。本堂・庫裡・山門などがあり、境内には、癌除けに功があるという瘡守《かさもり》稲荷神社も鎮座する。

勝長寿院　しょうちょうじゅいん

雪ノ下大御堂ヶ谷《やつ》に所在した寺院。阿弥陀山勝長寿院と号し、大御堂・南御堂とも称された。宗旨未詳。源頼朝が父義朝供養のため鎌倉で最初に建立した寺。源氏の菩提寺的存在で、文治元年(一一八五)九月義朝と鎌田正清の頸を埋葬し、同十月落慶供養した。本堂には成朝作の本尊阿弥陀如来像を安置し、その壁面には藤原為久が浄土の瑞相と二十五菩薩を描いている。しかるべき供養には供僧が奉仕し、一方、御家人は寺に宿直して警護し、実朝など将軍は毎年末に墓参していた。貞応二年(一二二三)の『海道記』には「大御堂・新御堂を拝すれば、仏像烏瑟の光、瓔珞眼にかがやき、月殿画梁の粧ひは、金銀色を争ふ」とある。代々の鎌倉御所足利氏も当院を厚く外護した。院領は上総国菅生荘十二ヵ郷・武蔵国久下郷が知れる。『快元僧都記』によると当院は天文九年(一五四〇)ころまで存続したらしいが、江戸時代初期には廃絶した。なお、横須賀市芦名の浄楽寺は金剛山勝長寿院大御堂と号し、当院を移建したという寺伝をもつが、両寺の関係は未詳。

参考文献　『新編相模国風土記稿』八六(『大日本地誌大系』)、『鎌倉市史』社寺編、貫達人・川副武胤『鎌倉廃寺事典』

(三浦　勝男)

浄妙寺　じょうみょうじ

神奈川県鎌倉市浄明寺三丁目八—三一に所在。臨済宗建長寺派。山号稲荷山。開山退耕行勇、開基足利義兼。中興開基足利貞氏と伝える。本尊釈迦如来坐像。もと

浄　妙　寺　総　門

鎌倉五山第五位。鎌倉三十三観音霊場第九番札所。文治四年(一一八八)義兼が創建した極楽寺が当寺の前身で、禅密兼修の濃い寺であった。正嘉元年(一二五七)蘭渓道隆の法嗣月峯了然が住山以後、寺名を変更し純粋禅への道をたどったとみられる。元亨元年(一三二一)北条貞時十三年忌供養には衆僧五十一人が参加した。寿福寺二百六十人、浄智寺二百二十四人などと比較すると大寺でなかったことを思わせる。元弘二年(一三三二)竺仙梵僊が北条高時に請じられて入寺の際、山門・祖堂・方丈で諷経しているが、応安元年(一三六八)三月、足利義詮の遺骨が当寺光明院へ分骨されたときは無住であった。のち鎌倉御所(鎌倉公方)足利氏の外護のもとに、同氏菩提寺の一つとして寺勢を保持したが、応永三十一年(一四二四)・永享元年(一四二九)などに罹災した。鎌倉御所屋敷に隣接していたため、当寺は戦乱の被害もうけたことであろう。文明十八年(一四八六)ころには著しく荒廃した。小田原北条氏は天文十六年(一五四七)と同二十二年に合わせて四貫三百文を寄進したが、徳川家康も天正十九年(一五九一)北条氏と同高の寺領を寄せている。江戸時代には直心・禅昌二庵の塔頭が存続したが、現在はすべて廃絶し、総門・本堂・客殿・庫裡の寺容である。本堂裏には伝足利貞氏墓という明徳三年(一三九二)銘の

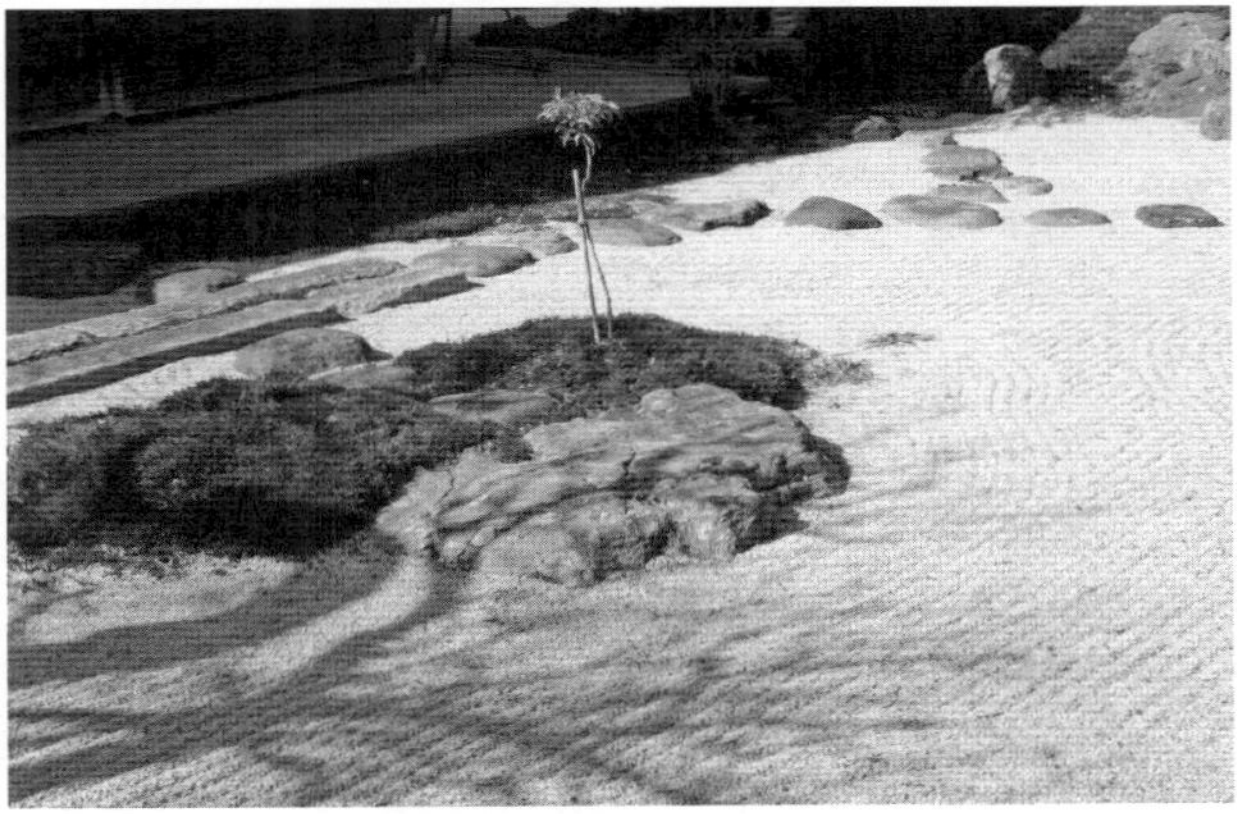

浄　妙　寺　庭　園

宝篋印塔があり、重要文化財木造退耕行勇像は当寺の代表的な寺宝である。境内は国史跡。

参考文献　『鎌倉市史』社寺編　（三浦　勝男）

浄妙寺の文化財

境内には足利貞氏の墓と伝える明徳三年(一三九二)銘の宝篋印塔があり、鎌倉市指定文化財となっている。彫刻として木造退耕禅師坐像一軀が国の重要文化財に、木造阿弥陀如来立像が神奈川県の、木造荒神立像一軀、木造釈迦如来坐像一軀が市の指定文化財となっている。「紙本淡彩地蔵菩薩像」一幅、『浄妙寺文書』三巻九通が市の指定文化財となっている。本寺には盛時を偲び江戸時代に描かれたと考えられる「紙本淡彩浄妙寺境内図」が残されている。「大倉道」と注記される金沢街道(鎌倉と六浦《むつら》をつなぐ六浦街道)と「滑川」が南にあり、多くの堂宇がみえる。境内地奥には足利貞氏の墓がある。

参考文献　『鎌倉の古絵図』一(『鎌倉国宝館図録』一五)

白旗神社

しらはたじんじゃ

西御門二丁目一―二四の源頼朝墓の下方に鎮座。祭神は源頼朝。例祭は一月十三日。江戸時代末までは、当所に、寺としての頼朝の法華堂があり、鶴岡八幡宮寺の供僧相承院が兼務していたが、神仏分離令により明治五年(一八七二)新たに造営された社。境内は頼朝墓とともに法華堂旧跡として国史跡。頼朝墓の東に大江広元・島津忠久・毛利季光の墓がある。なお、鶴岡八幡宮の境内にも源頼朝・実朝をまつる同名の社がある。

源頼朝墓

白　旗　神　社

参考文献　『鎌倉市史』社寺編、神奈川県神社庁編『神奈川県神社誌』

(三浦　勝男)

瑞泉寺

ずいせんじ

二階堂七一〇に所在する臨済宗円覚寺派寺院。山号は錦屏山。関東十刹の一つ。鎌倉三十三観音霊場の第六番札所。開山は夢窓疎石、開基は二階堂道蘊《にかいどうどううん》、中興の開基は鎌倉公方足利基氏。夢窓疎石は、京での修行後に鎌倉の諸寺に歴住し、嘉暦二年（一三二七）八月に本寺の前身である瑞泉院を建てて移住している。寺地は開基二階堂道蘊の本拠の地に創建された。創建は鎌倉時代末期だが、南北朝時代には室町幕府や朝廷の帰依を篤く受けた。足利基氏は貞治六年（一三六七）に没するが、法名は瑞泉寺殿玉岩道昕で、瑞泉院から瑞泉寺と改称されたのもこの時かと推測される。以後鎌倉公方家の墓所となり、一族の年忌法要なども催されており、基氏・氏満・満兼・持氏と持氏夫人の墓と伝える五輪塔が今に存する。疎石は、入寺した翌年の嘉暦三年に観音堂と寺の裏山の頂に偏界一覧亭と名付けた堂を建て五山僧たちの詩会の会場として使われたといい、そこからは鶴岡や長谷を眼下に臨め、前面に富士を見

瑞泉寺本堂

ることができたという。翌四年には疎石の依頼で清拙正澄が『偏界一覧亭記』を著し、その写が本寺に残っている。同時期に疎石作により庭園も造られ、現在国の名勝に指定されている。それを含む境内全体は国の史跡となっている。庭園は山肌を穿ち、前面も岩を彫りこんで池を配しており、改変を加えられているところもあるが、もともとは南北朝期の造庭であるという。偏界一覧亭は創建後も戦乱に巻き込まれるなどして何度か荒廃を繰り返していたが、江戸時代、元禄二年（一六八九）に水戸藩主であった徳川光圀が同寺を訪れた際に再興したことが知られる。現在の建物は昭和十年（一九三五）の建築である。境内には、仏殿・地蔵堂・庫裡・鐘楼・山門などがあり、享保八年（一七二三）銘の庚申塔は鎌倉市の指定文化財となっている。大正十二年（一九二三）の関東大震災により山門、寛政十二年（一八〇〇）建立の仏殿、庫裡が全壊した。本寺には、「偏界一覧亭記写」ほかの『瑞泉寺文書』が残り、『鎌倉市史』史料編三に収載されている。その他の文化財としては、彫刻では、木造夢窓国師坐像一軀が国の重要文化財に、木造地蔵菩薩立像一軀、木造千手観音坐像一軀が市の文化財となっている。絵画では、「絹本著色夢窓和尚像」一幅、「絹本著色仏涅槃図」一幅、「紙本著色朱衣達磨図」一幅、「紙本墨画竹斎読書図」一面、「紙本淡彩西湖図六曲屏風」一双が鎌倉市指定文化財となっている。文書では、『扶桑五山記』五巻五冊、無窓疎石墨蹟・固山一鞏《こざんいっきょう》墨蹟が市の指定文化財。十月三十日には夢窓忌が行われる。なお、境内のオウバイ・フユザクラは市の天然記念物で、梅林のほか花の寺としても知られる。

杉本寺　すぎもとでら

二階堂九〇三に所在する天台宗寺院。山号は大蔵山、院号は観音院。以前は小町にある宝戒寺の末寺であったが、現在は比叡山延暦寺の末寺となっている。大蔵観音・杉本観音ともいわれる。本尊は十一面観音菩薩

杉　本　寺　本　堂

像三躰で、坂東三十三観音霊場の第一番札所であるとともに鎌倉三十三観音霊場の第一番札所でもある。天平六年(七三四)行基により創建され、慈覚大師円仁が中興開山となっており、鎌倉地域では最古の寺院と伝えられる。本寺の前身は大倉観音堂と称され、文治五年(一一八九)十一月二十三日夜に失火炎上した際に、別当浄台房が火中に飛び込み、周囲の心配をよそに衣をわずかに焦がしただけで、本尊を救いだしたといい、「ひとえにこれは(信仰のために)火が焼くことができなかったものか」(『吾妻鏡』)と不思議がったという。『杉本寺縁起』では、本尊自身が杉の木の下に逃れたとされ杉本観音と呼ばれるようになったという。建久二年(一一九一)九月十八日には源頼朝ら幕下が大倉観音堂に参詣し、荒廃した姿に感じ修理料として准布二百反を奉加したとみえ、「是大倉行事草創伽藍也」と記す。その後、翌年の南御堂(勝長寿院)での後白河法皇四十九日の仏事に他の寺社とともに名を連ねている。

以後、観音の縁日九月十八日に頼朝や実朝が参詣したことがみえる。寛喜三年(一二三一)正月十四日には、大倉観音堂で失火があり故左京兆(北条義時、一一六三―一二二四)旧宅も類焼したとみえ、執権義時の屋敷の一つが本寺の西側にあったことがわかる。延元二年(建武四、一三三七)十二月の南朝方北畠顕家による鎌倉攻略の際に、足利方の将としてとして鎌倉の飯島・杉本で防戦した斯波家長《しばいえなが》は二十四日・二十五日の戦いで敗れ、本寺で自害したとも三浦に敗走して自害したとも伝える。中世には本寺の裏山には杉本城があった。寺領として天正十九年(一五九一)徳川家康から五石六斗の寄進があったという。境内には、本堂・弁天堂・二王門・庫裡が存し、文化財として伝円仁作・伝源信作の二体の木造十一面観音立像はともに国の重要文化財、ほかに木造彩色十一面観音立像一軀、木造地蔵菩薩立像一軀が鎌倉市の指定文化財となっている。八月十日には四万六千日詣りの行事がある。

参考文献　秋山哲雄『都市鎌倉の中世史』(『歴史文化ライブラリー』三〇一)

大巧寺

だいぎょうじ

小町二丁目九―二八に所在する日蓮宗寺院。山号は長慶山、院号は正覚院。本尊は産女《うぶめ》(「うぶすめ」とも)霊神。開山は日澄。もと鎌倉市の東方に位置する十二

大巧寺山門

所にあり、大行寺と号した真言宗寺院で、文永十一年（一二七四）当時の住持が妙本寺にいた日蓮に帰依して改宗したという。寺地も妙本寺の門前近くの現在地に移転した。寺領は天文十六年（一五四七）十月十日に北条氏康より永正七年（一五一〇）以来の一貫二百文を安堵され、天正三年（一五七五）二月に檀那だった浜名時成が六貫文の土地を寄せ合わせて七貫二百文となった。江戸時代になり徳川家康より改めて七貫二百文の安堵を受けた。当寺には産女霊神社もあり、「おんめさま」とも称され、安産のお守りを出している。五世の日棟が産女の幽霊を供養し鎮めたことから起ったらしい。現在、本堂・庫裡・山門・門などがある。かつて蔵されていた戦国時代後期の寺領関係の『大巧寺文書』は散逸したが、『鎌倉市史』史料編三に収録されている。また寺宝は妙本寺の蔵するところとなっている。

大慈寺

だいじじ

十二所にあった寺。現在は廃絶。旧跡は明王院の東側一帯とするのが通説だが、『五大堂事蹟備考』は明王院北東の桐ヶ沢だと伝える。源実朝が君恩父徳に報いるため創建した寺で、開堂供養は建保二年（一二一四）七月。導師明庵栄西。大倉御堂とも称した。宗旨未詳。その後、北条政子追善のため当寺郭内に三重宝塔や丈六阿弥陀堂が建立され、源頼家の遺子竹の御所の御堂も上棟するなど、徐々に寺観が整えられた。正嘉元年（一二五七）本堂・丈六堂・新阿弥陀堂・釈迦堂・三重塔・鐘楼などが修補・荘厳された。境域は山河あり、仙室というべき勝地であったという。永仁元年（一二九三）の地震では丈六堂以下が埋没した。寺領は武蔵国横沼郷が知れる。寺勢は室町時代後期ころまで維持されたと思われるが、廃絶年は未詳。寿福寺蔵延享二年(一七四五)の『寿福寺・浄智寺・浄妙寺派下敗壊改派寺院牒』には建長寺末として記されているので、丈六堂だけ江戸時代末期まで存続したらしい。同堂安置の木造仏頭が鎌倉市十二所の光触寺《こうそくじ》にある。

参考文献　貫達人・川副武胤『鎌倉廃寺事典』

(三浦　勝男)

大宝寺

だいほうじ

大町三丁目六—二二に所在する日蓮宗寺院。山号は多福山、院号は一乗院。もと妙本寺の末寺。本尊は三宝諸尊。開山は日出(一三八一—一四五九)。日出はもと天台宗に属したが、実兄の日学に教化され改宗した。鎌倉で天台宗宝戒寺の心海との永享問答といわれる宗論に勝利し、鎌倉公方足利持氏から土地を寄進され小町の本覚寺を建立した。これ以前に伊豆にも同名の本覚寺を建立しており、甲斐・伊豆・鎌倉に布教した。寺伝によれば、十一世紀末の後三年の役後に新羅三郎《しんらさぶろう》義光《よしみつ》が館を構え、自身の守護神多福稲荷大明神を屋敷内に多福神社としてまつり、その後末裔の佐竹秀義などもここに居を構えたため本寺の辺りは佐竹屋敷ともいわれるようになった。応永六年(一三九九)、佐竹義盛が前身となる多福寺を建立し、文安元年(一四四四)、日出が再興して大宝寺とした。宝暦年間(一七五一—六四)に焼失し寺史を知る手がかりが失われたが、宝暦九年と記す「紙本墨書大宝寺境内図」が残る。「宝暦九己卯年」「祖師堂」「客殿庫裏」「新羅三郎霊廟」などの文字とともに墓石も多く描かれている。絵図は門から奥まった位置に祖師堂など主要な建物を描いているが、現在の寺地は焼失後の再建に伴い手前の平地に移っている。景観は江戸時代前期とは違っているようだ。境内には義光の墓があり、大町の八雲神社の例祭では神輿が大宝寺の門前で義光の墓に向かい祝詞を奏してから町内の巡行するのを例としていた。現在、本堂・庫裡・多福明神社などがある。

大　宝　寺

参考文献　『鎌倉の古絵図』二(『鎌倉国宝館図録』一六)

鶴岡八幡宮

つるがおかはちまんぐう

雪ノ下二丁目一―三一に鎮座。旧国幣中社。源氏の氏神であり、鎌倉の町の中心として存在してきた社で、明治の神仏分離までは鶴岡八幡新宮《いまみや》若宮《わかみや》・鶴岡八幡宮寺とも称した。大分県の宇佐、京都府の石清水《いわしみず》両宮とともに全国の八幡宮を代表する大社である。祭神は応神天皇・比売神《ひめのかみ》・神功皇后の三柱。草創は康平六年(一〇六三)八月源頼義が石清水八幡宮の分霊を勧請し、由比《ゆい》郷に祀った由比若宮(現、元八幡宮)にあり、永保元年(一〇八一)二月には源義家が修復している。治承四年(一一八〇)十月、源頼朝はこの社を小林郷の北山(現、下拝殿付近)に遷座し、現在の鶴岡八幡宮の礎とした。寿永元年（一一八二）三月、当宮への参詣道（若宮大路・段葛）を造り、四月には社前に池（俗称、源平池）を造営した。文治三年（一一八七）八月には放生会《ほうじょうえ》と流鏑馬《やぶさめ》が催され、この神事は当宮の初例となった。しかし、徐々に社容をととのえた当宮も建久二年（一一九一）三月の大火で諸社殿は灰燼に帰してしまう。この復興にあたり頼朝は、同年十一月、後山中腹に本宮（上宮）を造営し、石清水八幡宮を勧請して、規模や装いの新たな鶴岡八幡宮を創建した。鎌倉幕府の行事や年中行事なども当宮が中心となって行われ、歳首には将軍みずから参詣するのを例としている。祭祀を司ったのは真言宗系の僧侶（供僧《ぐそう》）たちで、のちに二十五名が任じている。供僧の長にあたる鶴岡一山の最高責任者を別当（社務職）といい、初代の別当は園城寺の円暁（頼朝と従兄弟）であった。一方、神式の行事を司祭する神主の職も建久二年十二月におかれ、初代神主は大伴清元で、以来、大伴家は明治維新に至るまで神主職を継承した。ちなみに、別当・供僧・神主を除いた八幡宮の職員構成は、小別当一人、御殿司二人、小宮神主、巫女八人、職掌（神人）八人、承司二人などであった。こうして八幡宮は鎌倉時代を通じて最も栄えた。

元弘三年（一三三三）五月鎌倉幕府は滅亡するが、その後は足利尊氏によって社領が寄進され、また鎌倉公方足利基氏をはじめ氏満・満兼・持氏・成氏の五代も修造に意を用い、禁制を定めるなどして、境域の神聖さを保とうと努力した。永正九年（一五一二）八月、伊勢長氏（北条早雲）ははじめて八幡宮に参じ、当宮および鎌倉の復興に意欲を示したが、これを実現したのは北条氏綱で、天文元年（一五三二）から同九年にかけて大造営を行なった。社殿は極彩色で壮麗に装われ、銀の懸魚《げぎょ》が取り付けられた。この氏綱以来、歴代の小田原城主は旧来どおり当宮社領を安堵または寄進し、当宮を尊崇した。天正十八年（一五九〇）七月に小田原北条氏を滅ぼした豊臣秀吉も当宮の修造に意を用い、その造営を徳川家康に命じた。家康は彦坂元正をして修造させたが、全体の造替計画が実現しないうちに没したため、秀忠があとを継ぎ、寛永三年(一六二六)に大塔・護摩堂以下の諸堂・末社を竣工させた。寛永五年八月には当宮社中の法度十一ヵ条が定められ、社殿小破の時は修理を加えさせ、供僧・諸役人らの怠慢をいましめ、神聖なる境域の保持に努めさせた。しかし、文政四年(一八二一)正月の大火で、上宮を中心とした諸堂をことごとく焼失し、供僧十二院のうち九院も類焼した。この再興は文政十一年八月に完了し、同九月に正遷宮が行われている。現存の主な社殿はこの文政度の再建にかかるものである。明治元年(一八六八)三月の神仏分離令にもとづき、当宮は同三年五月までにこれを断行し、ほぼ現在のような社容をみるに至った。現在の社殿は本宮(上宮)・若宮(下宮)・下拝殿(舞殿)・社務所・直会殿、それに末社の武内社・丸山稲荷社・白旗神社・祖霊社・旗上弁財天社と、境外末社の新(今)宮・由比若宮などから成っている。本社には享保十七年(一七三二)の「紙本著色鶴岡八幡宮境内絵図」があり、江戸時代中期の様子がわかる。絵図には、大鳥居と二の鳥居の中間あたりから三の鳥居までの段葛が描かれている。段葛は源頼朝が妻政子の安産祈願のため築いた参詣道で、当初は由比ヶ浜から社頭まであったが、室町時代には浜寄り部分が失われ、絵図ではその様子を示している。なお現在は段葛は二の鳥居から三の鳥居までが残っている。また、国宝の籬菊《まがきにきくの》螺鈿《らでん》蒔絵《まきえ》硯箱《すずりばこ》、重要文化財の木造弁才天坐像など、多くの社宝を伝えている。境内は国史跡。例祭は九月十五日・十六日。そのほか年中行事として、手斧《ちょうな》始式(一月四日)、除魔神事(一月五日)、左義長(一月十五日)、節分祭(立春の前日)、鎌倉祭(四月)、菖蒲祭(五月五日)、夏越祭(八月)、宵宮祭(九月十四日)、流鏑馬(九月十六日)、御鎮座記念祭(十二月十六日)がある。

↓由《ゆ》比若宮《いわかみや》

鶴岡八幡宮

太鼓橋

舞　殿

舞殿と若宮大路

若　宮

丸山稲荷

白旗神社

旗上弁財天社

参考文献 『鎌倉市史』社寺編、宮地直一『八幡宮の研究』、中野幡能『八幡信仰史の研究(増補版)』、貫達人『鶴岡八幡宮』(『美術文化シリーズ』一〇四)、神奈川県神社庁編『神奈川県神社誌』、伊藤清郎「鎌倉幕府の御家人統制と鶴岡八幡宮」(『国史談話会雑誌』豊田・石井両先生退官記念号)、外岡慎一郎「鎌倉時代鶴岡八幡宮に関する基礎的考察」(『中央史学』三)

(三浦 勝男)

鶴岡八幡宮文書《つるがおかはちまんぐうもんじょ》 鶴岡八幡宮が所蔵する古文書。十五巻二百二十四通。十通の近世文書(供僧職譲状)以外は中世文書。重要文化財。本文書は大別して神社に伝来した『鶴岡八幡宮文書』と、当宮供僧坊の一つ相承院(頓覚坊)に伝来した『相承院文書』から成る。このうち『八幡宮文書』は、外題《げだい》に「社蔵古文書」とある七巻、「社蔵古文書別巻」「後小松院々宣」「八幡廻御影縁起」各一巻を合わせた計十巻百三十一通、『相承院文書』は各巻に「相承院文書」「代々譲状」「供僧職補任状」「小田原北条家状」「別当尊賢置文」の外題を有する五巻九十三通である。『相承院文書』をのぞく鎌倉時代の『鶴岡八幡宮文書』は二十通あり、特に寿永二年(一一八三)二月二十七日付源頼朝寄進状二通が貴重である。これは相模国高田郷・同田島郷、および武蔵国瓺尻郷を神威増益・所願成就のため八幡宮に寄進した折のもので、ともに頼朝の花押がある。頼朝以下の鎌倉幕府将軍の文書は、いずれも八幡宮への社領寄進状で、藤原頼嗣・惟康親王・守邦親王の五通。珍しい文書には朱に血をまぜて書いた永享六年(一四三四)三月十八日付足利持氏血書願文がある。正和二年(一三一三)から永享四年(一四三二)まで四通出されている当宮境域に関する禁制は、当時の社会・風俗が知られる史料ともなっている。このほか、足利尊氏や鎌倉御所歴代の御教書、後北条氏・豊臣秀吉・徳川家康の文書などがあり、古文書として質・量ともに優秀である。『相承院文書』は明治維新の神仏分離の際、一時流出していたが、再び八幡宮にもどったもので、供僧職の譲状と補任状がよく残っているのが特色。鎌倉時代の文書を二十三通含んでいて貴重である。東京大学史料編纂所に影写本があり、活字本には『(新編)相州古文書』一、『鎌倉市史』史料編一、『(改訂新編)相州古文書』二、『鶴岡叢書』三、『神奈川県史』資料編などがある。コロタイプ印刷による複製『鶴岡八幡宮古文書集』も刊行されている。

参考文献　湯山学「鶴岡八幡宮文書考」(『郷土神奈川』一二)、同「続鶴岡八幡宮文書考」(『政治経済史学』二二四—二二六)

(三浦　勝男)

鶴岡八幡宮の文化財

境　内　八幡宮境内一帯と元八幡の由比若宮が併せて国の史跡。また平成二十二年(二〇一〇)三月に倒壊した大銀杏は、その後新芽(ヒコバエ)が出るなど話題となった。境内のビャクシン・マキ・ケヤキ各一株とシロシダレは市の天然記念物。雪ノ下二丁目にある大鳥居(一の鳥居)は、石造の明神鳥居で、「寛文八年(一六六八)戊申八月十五日」の銘があり明治三十七年(一九〇四)八月二十九日重要文化財に指定された。大鳥居から続く段葛は神奈川県の指定史跡となっている。石造手水鉢は鎌倉市の指定文化財となっている。末社丸山稲荷社本殿は銅板葺一間社流造で昭和四十二年(一九六七)六月十五日に国の重要文化財に指定された。末社白旗神社本殿・拝殿二棟は鎌倉市指定文化財となっている。摂社若宮の本殿(五間社流造)・幣殿・拝殿および付属の寛永元年(一六二四)十一月銘の棟札、上宮本殿(九間社流造)・幣殿・拝殿・回廊および末社武内社本殿と付属の普請文書などがともに国の重要文化財となっている。

彫　刻　文永三年(一二六六)九月二十九日造立銘がある木造弁才天坐像一軀のほか木造菩薩面一面、木造舞楽面五面が国の重要文化財。ほかに木造住吉神倚像が市の指定文化財となっている。

工　芸　鶴岡八幡宮には多くの神宝が文化財として所蔵されている。そのうち古神宝類として白小葵地鳳凰文二重織ほかの袿《うちき》五領と太刀・弓・矢・平胡籙《ひらやなぐい》などの武具類三十五点、正恒銘の太刀一口と籬《まがきに》菊《きくの》螺《ら》鈿《でん》蒔《まき》絵《え》硯箱《すずりばこ》一合がそれぞれ国宝に、国吉銘太刀一口・長光銘太刀一口や相州物の太刀三口が国の重要文化財に指定されている。銅製亀甲花菱文象嵌擬宝珠一対、堆黒《ついこく》箱（禅僧栄西が入宋中に贈られた朱漆銘がある）一合は神奈川県の指定文化財となっている。鎌倉市の指定文化財としては木造彩色桐竹鳳凰文華鬘一面、木造黒漆塗経箱一合、銅板造薬師如来懸仏一面、金剛四天王五鈷鈴一口など、神仏習合を思わせるものがある。

書跡・古文書　『鶴岡社務記録』二巻、『鶴岡八幡宮文書』十五巻、「紙本墨画鶴岡八幡宮修営目論見絵図」（天正十九年五月十四日）は国の重要文化財。「紙本著色鶴岡八幡宮境内絵図」一鋪は鎌倉市の指定文化財。

鶴岡八幡宮今宮

つるがおかはちまんぐういまみや

雪ノ下二丁目一―三一に鎮座。鶴岡八幡宮の境外末社。新宮とも書く。祭神は後鳥羽・土御門・順徳の三天皇。

鶴岡八幡宮今宮

宝治元年（一二四七）四月、承久の乱（承久三年（一二二一））で隠岐に配流され崩御した後鳥羽天皇の怨霊をなだめるため創建され、僧都重尊が別当職に補任された。『神明鏡』は順徳院と御持僧長厳（長玄）を合祀したと伝えるが、明治以降、土御門天皇を祭神に加えて現在に至っている。例祭は六月七日。

参考文献 『大日本史料』五ノ二一、宝治元年四月二十五日条、神奈川県神社庁編『神奈川県神社誌』

（三浦　勝男）

東勝寺 とうしょうじ

小町三丁目にあった寺。今は廃寺。臨済宗の禅宗寺院。青竜山と号す。関東十刹の一つ。嘉禎三年（一二三七）北条泰時が妻の母の追善のためにその墳墓の傍に退耕行勇を開山として建立した。元弘三年（一三三三）五月鎌倉幕府滅亡の際に北条高時以下の将士がこの寺に入り自刃している。文明十八年（一四八六）以前に廃されたが、永正（一五〇四―二一）ころに中興され天正元年（一五七三）以降に再び廃寺となったという。

参考文献 川副武胤『鎌倉の廃寺』禅宗の部（『鎌倉国宝館論集』四）、貫達人・川副武胤『鎌倉廃寺事典』

（大三輪竜彦）

徳崇権現 とくそうごんげん

小町三丁目五―二二の宝戒寺境内にあった。鎌倉幕府の滅亡後、執権北条氏の怨霊を慰めるために、足利尊氏の発意により宝戒寺を建立、その境内に第十四代執権北条高時の霊をまつり鎮守と崇めたのが権現の由来である。元来北条氏の家領を徳崇（得宗）と称したところから徳崇権現と号されたのであろう。大正十二年

（一九二三）九月の関東大震災にあうまで境内に存した。

（西島　一郎）

↓宝戒寺《ほうかいじ》

徳　崇　権　現

蛭子神社

ひるこじんじゃ

小町二丁目二三―三に鎮座。祭神は大己貴尊《おおなむちのみこと》。小町の鎮守で、旧村社。同所にかつて小町下町の鎮守の七面

蛭　子　神　社

大明神があった。神仏分離により近くの日蓮宗本覚寺の境内社の夷三郎社(夷堂)を当地に移転させ、さらに小町の神・下町の合併により一村に一鎮守という達のため上町宝戒寺鎮守の山王大権現も併せまつった。本殿・拝殿・社務所がある。本殿は明治七年(一八七四)八月に鶴岡八幡宮末社今宮の社殿を十円で買い、移築したもの。立地は、若宮大路東側の通りの日蓮辻説法跡に近く、背後を滑川が流れる。例祭は八月十五日に近い日曜日。

別願寺

べつがんじ

大町一丁目一一―四に所在する時宗寺院。山号は稲荷山、院号は超世院。本尊は阿弥陀如来像。藤沢市清浄《しょうじょう》光寺《こうじ》の末寺。開山は覚阿公忍。鎌倉三十三観音霊場第十三番札所。寺の前史は、公忍が弘安五年(一二八二)

足利持氏供養塔

別　　　願　　　寺

に真言宗寺院能成寺《のうじょうじ》を改宗・改名したと伝える。鎌倉公方足利基氏・氏満・満兼の菩提所となっており、寺領の寄進を受け、鎌倉地方の主要な時宗寺院として遇されていた。戦国時代北条氏の保護を受け、小田原の役の翌天正十九年(一五九一)新たに領主となった徳川家康は二貫五百六十文の寺領を寄進した。本堂兼庫裡がある。足利持氏墓と伝える石造宝塔一基や太平尼寺出土品二点が鎌倉市指定文化財となっている。

宝戒寺

ほうかいじ

小町三丁目五—二二に所在する天台宗寺院。山号は金竜山、院号は釈満院、正式な寺号は円頓《えんどん》宝戒寺という。四宗兼学の場であったが、江戸寛永寺の末寺を経て比叡山延暦寺の末寺となっている。鎌倉三十三観音霊場の第二番札所となっている。後醍醐天皇(一二八八—一三三九)を開基とし、開山は円観慧鎮《えんかんえちん》(一二八一—一三五六)がなり、天皇が鎌倉幕府後期の執権北条高時の霊を慰めるために旧高時亭の地に一寺を建立せんと

宝戒寺本堂

したことに始まる。寺容が整うのは室町幕府成立後のことで、観応三年(一三五二)七月四日の将軍家足利尊氏寄進状による造営料所の寄進と、文和元年(一三五二)十二月二十七日尊氏の御判御教書による棟別銭徴収が認められて、二世惟賢《ゆいけん》(一二八九―一三七八、普川国師)が翌二年から造営を進め、翌年に完成したらしい。また、円観は人材育成のため、円頓大戒と天台密教の道場として戒壇院を設置した。享徳三年(一四五四)の鎌倉公方足利成氏による関東管領上杉憲忠の暗殺に端を発した享徳の乱のなかで、康正元年(一四五五)六月の鎌倉での大乱で本寺は仏殿・惣門などが破壊され経巻も紛失した。戦国時代には後北条氏の保護を受け、天正十八年(一八九〇)豊臣秀吉による小田原合戦の際には禁制を得ている。徳川家康の寺領寄進や、天台僧天海の後援もあり寺観を保ったが、江戸時代末期には荒廃したという。境内には北条高時の霊をまつる徳崇権現がある。大正十二年(一九二三)の関東大震災では元禄十六年(一七〇三)建立の本堂、天保元年(一八三〇)建立の客殿・太子堂・惣門が崩壊した。本堂は昭和六年(一九三一)に再建された。本寺には創建期からの様子を伝える『宝戒寺文書』が残り、『鎌倉市史』史料編一に収録されている。文化財としては、木造歓喜天立像一軀、貞治四年(一三六五)五月像立銘のある木造地蔵菩薩坐像一軀、木造惟賢和尚坐像一軀と附惟賢筆応安五年(一三七二)造像記一通が国の重要文化財に指定されている。そのほか木造梵天・帝釈天立像二軀、「絹本著色仏涅槃図」一幅が神奈川県の、木造地蔵菩薩像一軀が鎌倉市の指定文化財となっている。銅造山王権現懸仏一面、普川国師入定窟出土の古瀬戸壺も市の文化財。行事として、太子講(一月二十二日)、子育鬼子母神祭(五月九日)、地蔵祭(七月二十三日・二十四日)が行われる。

→徳崇権現《とくそうごんげん》

■報国寺■

ほうこくじ

浄明寺二丁目七—四に所在する臨済宗寺院。山号は功臣山。所在地は宅間ヶ谷と呼ばれていたため、宅間寺とも通称する。開基を足利家時(生没年不詳)、開山を天岸慧広《てんがんえこう》(一二七三—一三三五)とする。鎌倉三十三所観音霊場第十番札所。開基については宅間上杉氏の祖にあたる上杉重兼とする説があり、『鎌倉市史』ではこの説をとる。寺名の由来は、足利家時の法名報国寺殿にあると考えられるが、一方で家時没後の建武元年(一三三四)創建説(『本朝高僧伝』天岸慧広の項)がある。しかし家時は文保元年(一三一七)切腹説や延慶二年(一三〇九)説(足利鑁阿寺《ばんなじ》所蔵位牌)があり、建武元年説は家時の創建とはなりがたい。開基重兼の曾祖父上杉重房の女が家時の母で、亡くなった家時の供養として墓塔堂舎を守り、宅間上杉氏の始祖重兼の屋敷地でもあった当地に報国寺へと発展していったらしい。現在も境内墓地裏に家時の墓と伝えられる五輪塔が存する。開山の天岸慧広は建長寺の無学祖元につき修行し、渡唐後に鎌倉の浄妙寺に招かれ、のち報国寺に開山として請じられたが、翌年入滅した。仏乗禅師と諡された。建武二年の仏乗禅師頂相《ちんぞう》は重要文化財に指定されており、その他多くの住持の頂相が残されている。以後、住持には三世在中広衍、十三世暘谷乾幢、十四世洋乎乾栄らがなっている。塔頭《たっちゅう》としては、慧広の門徒が造立した休耕庵、万休庵が知られる。本寺には、報国寺寺領目録のほか『報国寺文書』が残り、『鎌倉市史』史料編三に収載されている。応永元年(一三九四)重兼の息能俊は山内秋庭郷内の地を寄進し、享徳二十六年(文明九、一四七七)の足利成氏花押の存する寺領目録には関東各所の寺領の存在が記載され、天正十六年(一五八八)北条氏康印判状で二貫八百文が寄進され、十九年建長寺朱印領配分帳案では本寺が建長寺の末寺であったことと同額の所領があったことがわかる。江戸時代には慶安二年（一六四九）の将軍徳川家光ほかの将軍寺領寄進状には報国寺に付属する十三貫文が安堵されている。

報国寺本堂

報国寺の文化財　天岸慧広《てんがんえこう》の詩集である紙本墨書『東帰集』（慧広頂相と慧広所用の木印二顆が付属する）と仏乗禅師度牒一通・戒牒四幅が国の重要文化財に指定されている。その他、彫刻の木造釈迦如来坐像一軀、木造仏乗禅師坐像一軀は鎌倉市指定文化財。「絹本墨画在中広衍像」一幅、「絹本著色花鳥図」二幅、「絹本著色羅漢図」一幅が神奈川県の指定文化財となっている。「紙本著色暘谷乾幢像」一幅、「絹本著色文殊大士像」一幅、「紙本著色洋乎和尚像」一幅、「絹本著色羅漢図」一幅、「紙本墨画十六羅漢図」一幅は鎌倉市指定文化財。工芸では銅造古鏡一面が市の指定文化財。ほかに寛政三年（一七九一）正月銘の「紙本淡彩報国寺境内図」がある。北に面して、「雪下ヨリ金沢江往還」と見える金沢街道（六浦《むつら》街道）が滑川と並行して走る。図中には「足利持氏嫡子義久墓」と竹林の脇の五輪塔とともに注記され今も残るが、ほかに仏殿・客殿や現在はない塔頭《たっちゅう》も描かれている。

参考文献 『鎌倉の古絵図』一(『鎌倉国宝館図録』一五)

本覚寺 ほんがくじ

小町一丁目一二—一二にある日蓮宗寺院。山号は妙厳山。もと日蓮宗身延山久遠寺《くおんじ》の末寺。本尊は三宝祖師像。創建は永享八年(一四三六)といい、開山は一乗日出。寺伝によれば、日蓮が佐渡配流から戻り一時鎌倉に留まったのが夷堂《えびす》で、その後身延に移ったという由緒ある土地という。夷堂は天台宗の寺であったが、日出が改宗して本覚寺としたと伝える。二世日朝が身延山から日蓮の骨を分納したので、俗に東身延、日朝様と呼ばれた。永正十一年(一五一四)十二月二十六日の伊勢長氏(北条早雲)制札をはじめとして、北条氏綱制札・北条氏康制札などにより諸公事が免除され、所領の寄進などの保護を受けている。豊臣秀吉制札が下されたほか、徳川家康からも寺領寄進を受けるなど権力者との関係を保った。夷堂自体は明治維新の神仏分離により近くの蛭子《ひるこ》神社に移されたが、その後昭和五十六年(一九八一)に新たに夷堂が再建された。門前の滑川を渡る橋を夷堂橋といい、橋を挟んで向かいに妙本寺がある。境内には、本堂・庫裡・祖師分骨堂・仁王門などがあるほか、鎌倉に住した刀工正宗の墓がある。本覚寺の文化財として『本覚寺文書』が残り『鎌倉市史』史料編三に所収されている。応永十七年(一四一〇)銘の梵鐘が鎌倉市指定文化財となっている。木造釈迦如来及び両脇侍坐像三軀も市の指定文化財。一月十日には鎌倉えびすが、十月第一日曜日には人形供養が催される。

参考文献 『鎌倉の古絵図』二(『鎌倉国宝館図録』一六)

本覚寺

山門㊧と夷堂㊨

本　　堂

日蓮分骨堂

本興寺

ほんこうじ

大町二丁目五―三二に所在する日蓮宗寺院。山号は法華山。当初京都の妙満寺末寺で、のち大町の妙本寺の末寺。開山は日什《にちじゅう》（一三一四―九二）、中興開山は日逞（?―一六七五）。本尊は三宝祖師像。日什は、延暦寺で天台宗を学びのち日蓮宗に改宗し、下総中山法華経寺から独立して京都の日蓮宗妙満寺派を起した。十六世日泰（一四三二―一五〇六）は文明十三年（一四八一）六月に大檀那酒井清伝の助力により堂宇を建立し、その後も永禄二年（一五五九）には酒井胤治・政茂親子により修造がなされた。胤治（一五三六―七七）は北条氏の配下にあり下総・武蔵国に知行を持ち本興寺再建の際には大工などの職人や馬、建築資材なども献上したことが棟札銘にみえる。一族には古河公方足利高基の室もいて寄進のことがみえる。慶長の初年に退転したものの、衆庶の協力を得て慶長四年（一五九九）に再興がなった。

本興寺本堂

明王院

みょうおういん

十二所三二に所在する古義真言宗寺院。飯盛山寛喜寺明王院五大堂と称する。大行寺の通称も知られる(『新編鎌倉志』)。鎌倉三十三観音霊場第八番札所。嘉禎元年(一二三五)六月の創建で、開基は鎌倉幕府第四代将軍藤原頼経(一二一八―五六)。初代別当は鶴岡八幡宮の元別当定豪がなった。本尊は不動明王像。寛喜寺の寺号は寛喜三年(一二三一)には将軍の御願寺たることが決定されていたことによるらしい。頼経は九条道家の三男で、三代将軍実朝の急死を受け源頼朝の縁戚(頼朝の姪の娘を母とする)により摂家将軍として、承久元年(一二一九)に鎌倉に至り将軍職を嗣いだ。創建時には十八歳。本院の別当職は鶴岡八幡宮・永福寺・勝長寿院の別当とともに四箇重職といわれる重要な位置にあったという。南北朝時代でも、室町幕府第二代将軍足利義詮により別当が補任されていた。創建については、『吾妻鏡』に、寛喜三年十月六日に将軍御願寺五大堂建立を決め、寺地候補の永福寺や大慈寺境内

明　王　院

を当時の執権北条泰時・連署同時房や評定衆、陰陽師らが調べ、地相の良否を金蔵房に計り、当面永福寺内に内定したとみえる。永福寺は二階堂の鎌倉宮の奥に、大慈寺は現在の五大堂のすぐ近くに寺地があり、ともに鎌倉の中心からは鬼門の位置にあったが現在は廃寺である。貞永元年(一二三二)十月に、毛利西阿所領内の現在の寺地に建立されることになった。西阿は大江広元の四男で俗名を季光といい、のちの長州毛利氏初代にあたり、相模国毛利荘(神奈川県厚木市)を本拠とし、名字の地としていた。本院建立の時点では、実朝の没した直後に出家し西阿と名乗っていた。貞永元年の参詣道の造成ののち、嘉禎元年に総門(正月)・堂(二月)が竣工し、六月には鐘楼に新鋳の鐘が掛けられたが、この時点ではまだ完成はしていなかったらしい。五大堂の名称のもととなった五大尊像(不動・降三世《ごうざんぜ》・軍荼利《ぐんだり》・大威徳・金剛夜叉の五大明王)も造像された。総社として藤原氏の氏神春日社が堂の東方に勧請されていた。引き続き仁治二年(一二四一)北斗堂上棟のことがあり、北斗七星像・二十八宿像・十二宮神像・一字金輪像などが安置され、真言密教の寺院としての体裁を整えていった。その後、幕府より祈雨を命ぜられることがあった。弘安四年(一二八一)四月には元寇に際し異国調伏の祈禱が行われた。室町時代には鎌倉御所の護持を受けたが、関東公方が鎌倉を去ったのちは衰微したらしい。『新編武蔵風土記稿』によれば寛永年間(一六二四—四四)の火災により多くを失い、不動明王像のみが残されたという。境内の正徳二年(一七一二)銘の庚申塔と寺蔵の木造五大明王像五軀は鎌倉市の指定文化財となっている。本寺の北側に梶原景時邸跡の木標が、南の滑川を挟んだところに大江広元屋敷跡を記す、大正十四年(一九二五)三月に建てた石碑がある。所蔵の『明王院文書』四巻十九通と『法華堂文書』一巻二十七通は神奈川県指定文化財となっている。

妙法寺

みょうほうじ

大町四丁目七―四にある。楞厳山《りょうごん》と号す。日蓮宗。もと京都本国寺の末寺。開山は日蓮、中興開山は第五世の日叡で、延文二年(一三五七)のこととする。本尊は釈迦三尊像。日叡は後醍醐天皇の子護良《もりよし》親王の遺子と伝え、幼名を楞厳丸、房号を妙法房といい、山号・寺号の由来となったらしい。本寺は日蓮が安房の故郷を出奔せざるを得なくなった際に建長五年(一二五三)鎌倉に活路を求めて最初に庵を結んだ松葉ヶ谷の庵室という。庵室の旧跡の寺伝はほかに安国論寺・長勝寺に伝わる。縁起などは、旧称法華堂本国寺を貞和元年(一三四五)に京都へ移建したため、護良親王の遺子日叡が延文二年(一三五七)旧跡に建立したのが当寺だといい、『長勝寺過去帳』は、応安四年(一三七一)日叡が大倉塔ノ辻に開創したのを寛文九年(一六六九)啓運寺の寺地と交換して現在地に移したと伝える。江戸時代に水戸徳川家や肥後細川家などの帰依を得て寺容を整え、法華堂・本堂をはじめ総門・大覚殿・仁王門・鐘楼などが現存する。妙法寺の文化財として、本堂障壁

妙法寺山門

画は板絵著色金彩で二百六十三面があり、表門とともに鎌倉市指定文化財となっている。境内の奥には日叡の墓が存し、そこに到る階段には苔が密生し、こけ寺の名称でも知られる。シャガは五月上旬に見頃を迎えるとともに、五月五日には清正公祭が催される。

参考文献 『新編相模国風土記稿』八七(『大日本地誌大系』)、『鎌倉市史』社寺編、鈴木棠三・鈴木良一監修『神奈川県の地名』(『日本歴史地名大系』一四)、「角川日本地名大辞典」編纂委員会編『角川日本地名大辞典』一四

(三浦　勝男)

妙本寺　みょうほんじ

大町二丁目一五―一に所在する日蓮宗寺院。山号は長興山。文応元年(一二六〇)の創建と伝え、開山は日蓮六老僧の一人日朗、開基は比企大学三郎能本《ひきだいがくさぶろうよしもと》。本尊は三宝祖師像。寺地は鎌倉幕府の有力御家人であった比企一族が建仁三年(一二〇三)の比企氏の乱で滅んだところで、現在も比企氏一族の墓が境内に存する。長興は比企能員《よしかず》の、妙本はその室の法名であったと伝えられ、寺名の由来であろう。住持は本寺と武蔵国池上の本門寺の住持を兼帯することになっていて、当初は妙本寺に住したが、江戸時代には池上本門寺に常住することになっており、その制度は昭和二十二年(一九四七)まで続いた。戦国時代には、古河公方の足利政氏は本寺の敷地と所領を安堵し、上総国佐貫《さぬき》城主里見義弘、武蔵国忍《おし》城主成田長泰、越後国長尾(上杉)景虎などから禁制を得て保護された様子がわかる。その後も小田原北条氏や江戸幕府の保護を受けている。境内には、祖師堂・本堂・客殿・宝蔵・庫裡などがある。妙本寺の文化財としては、時の権力者との関係を窺わせる貴重な史料である『妙本寺文書』が残り、『鎌倉市史』史料編三に収録されている。木造日蓮坐像一軀、

妙本寺

祖師堂

本堂

比企氏の墓

木造宝冠釈迦如来坐像一軀は鎌倉市指定文化財となっている。建武四年(一三三七)三月五日の刻銘のある雲版が国の重要文化財に、木造散蓮華蒔絵前机一基は市の文化財に指定されている。そのほか、末寺伝来のものも含めて日蓮・日朗・日像・日輪の曼荼羅本尊が蔵されている。また、境内のイチョウは市の天然記念物。なお、長興山妙本寺、池上の長栄山本門寺(東京都)、長谷山本土寺(千葉県)を朗門の三長三本と称し、本寺祖師堂安置の日蓮像は日蓮在世中の日法作で、身延山久遠寺《くおんじ》と池上本門寺の日蓮像を合わせて「三体の像」といわれている。

妙隆寺　みょうりゅうじ

小町二丁目一七─二〇に所在する日蓮宗寺院。山号は叡昌山。元千葉県市川市の中山法華経寺の末寺。本尊は日蓮上人像。開山は妙親寺日英。二世は室町時代の京で活躍した鍋被《なべかむり》日親(一四〇七─八八)。開基は千葉《ちば》大隅守胤貞《おおすみのかみたねさだ》と伝える。日蓮の辻説法跡と伝える地の北

妙隆寺本堂

に位置する。本堂横の池を行《ぎょう》の池といい、日親が百日の水行をし、その後に生爪を剝ぎ木綿針で刺して血を水に混ぜて曼荼羅を描いたという。爪切の曼荼羅と称したが、現存しない。日親は激しい折伏《しゃくぶく》活動で知られ、不信の者の布施は受け取らないという不受の態度を貫き、将軍足利義教にも諫言をするなどしたため迫害されることが多く、受刑時には頭に焼け鍋をかぶせられたという。文化財として本尊日蓮像と日英・日親両上人像を合わせた木造妙隆寺祖師高僧像三軀が鎌倉市の指定文化財となっている。このほか開基胤貞と伝える木像も残る。

■八雲神社(大町)■

やくもじんじゃ

大町一丁目一一―二二に鎮座。祭神は須佐之男命《すさのおのみこと》・稲田姫命《いなだひめのみこと》・八王子命《はちおうじのみこと》。その他合祀された神に事代主命《ことしろぬしのみこと》・建御名方命《たけみなかたのみこと》・天照大神《あまてらすおおみかみ》・誉田別命《ほんだわけのみこと》がある。大町の鎮守で、旧村社。勧請年月は未詳だが、社伝によれば、永保年間(一〇八一―八四)に新羅三郎義光《しんらさぶろうよしみつ》が陸奥の安倍

八雲神社(大町)

貞任の鎮圧に向かう途中に鎌倉の悪疫流行を治めるために京都の祇園社を勧請したという。そのためか本社を天王・松堂祇園社・松殿山祇園天王社・祇園天王などと称することがあった。同じく社伝によれば、佐竹屋敷にあった霊祠を相殿に合祀し佐竹天王といい、神輿四座の内の一柱とも伝える。しかし本社と佐竹家の関連は明らかになっていない。神主家として小坂家があり、系図は伝わっていないが江戸時代以降の関連を示す文書などが残る。慶長九年(一六〇四)徳川家康から朱印地五貫文の寄進を受け、江戸時代を通じて変わらなかった。安政二年(一八五五)四月に社殿が建造された。明治四十四年(一九一一)四月十七日には村内の上諏訪神社・下諏訪神社・神明社・古八幡社を合併した。大正十二年(一九二三)の関東大震災では社殿が倒壊したが、昭和五年(一九三〇)七月に再建された。例祭は七月七—十四日の間の土日を含む三日間に行われる。銅造観音菩薩御正体一面と境内の寛文十年(一六七〇)銘の庚申塔が鎌倉市指定文化財となっている。祭礼については『鎌倉年中行事』には六月七日・十四日条にみえ、天正十四年(一五八六)の北条氏直の禁制には「禁制　一、於鎌倉祇園祭、喧嘩口論之事、一、押買狼籍横合非分之事」とみえ、本社の祇園祭は鎌倉祇園祭として知られていたことがわかる。祭では神輿四座が大町村内、乱橋村、小町村、雪ノ下村大蔵の四所を巡幸したことが知られるが、現在は大町・小町・大蔵を巡幸している。

■八雲神社(西御門)■

やくもじんじゃ

西御門一丁目一三—一に鎮座。祭神は須佐男命《すさのおのみこと》。西御門の鎮守で、来迎寺に接して存する。旧村社。勧請年月は未詳。『新編相模国風土記稿』にみえる大門の天王社は本社の前身と考えられる。天保三年(一八三二)

造営の本殿などがある。境内の延宝八年（一六八〇）銘の庚申塔が鎌倉市の指定文化財となっている。例祭は七月六日。

八雲神社（西御門）

■来迎寺■

らいごうじ

西御門一丁目一一—一に所在する時宗寺院。山号は満光山。藤沢市清浄光寺《しょうじょうこうじ》の末寺。本尊は阿弥陀如来像。

来　迎　寺　本　堂

開山は一遍智真。鎌倉三十三観音霊場の第五番番札所。『新編鎌倉志』所載の二代住持の観阿了然の勧進帳には、小笠原谷に寺を構え、阿弥陀仏を奉じて来迎寺と号した草創の次第がその苦労とともに記されている。寺蔵の木造如意輪観音半跏像一軀と木造地蔵菩薩坐像一軀は神奈川県の、木造跋陀婆羅《ばつだばら》尊者立像一軀は鎌倉市の指定文化財となっている。如意輪観音像は源頼朝の法華堂の本尊、地蔵菩薩像は報恩寺の本尊で南北朝時代宅間浄宏作と伝え、岩座に坐す姿から巌上地蔵ともいわれるという。いずれも明治の廃仏毀釈の際に法華堂から移されたという。本堂・庫裡がある。

北鎌倉駅・扇ガ谷周辺

円　覚　寺　入　口

英勝寺

えいしょうじ

扇ガ谷一丁目一六―三に所在する浄土宗鎮西儀の寺院。鎌倉に残る唯一の尼寺で、江戸幕府が創建に深く関わった寺でもある。山号は東光山。開基は徳川家康の側室であった英勝院(長誉清春)で、寛永十三年(一六三六)に創建された。英勝院は、太田道灌の曾孫康資《やすすけ》の娘で名を勝といい、家康に仕えのち側室となった。寛永十一年六月に道灌の屋敷跡と伝える鎌倉扇ヶ谷に寺院建立を幕府に願い出た。英勝院が水戸徳川頼房の養母であったことから頼房の娘玉峯清因が開山となり、以後代々水戸徳川家の娘が住持となったので水戸家の御殿と呼ばれた。徳川家光は、本尊・寺地のほか、寺領として相模国三浦郡池子村(神奈川県逗子市池子)に三百石を寄進、その後も厚遇し百二十石を追加し都合四百二十石となった。英勝院は寛永十九年に没したが、家光や頼房ほかの諸大名から供養を受け、一周忌には「英勝寺」の勅額を受けた。その後も幕府の外護が続いた。寺地が源氏山の麓に位置するため、境内には井戸や湧水が豊富にみられる。伽藍のうち、宝珠殿と称される仏殿・鐘楼・唐門・山門・英勝院大夫人石塔一基と石造来迎三尊仏を含めた祠堂が神奈川県の指定文化財となっている。ほかに木造阿弥陀如来及び両脇侍像龕が国の重要文化財に、木造阿弥陀如来立像・木造聖徳太子立像、竜虎図六曲屏風一双が鎌倉市の指定文化財となっている。なお本寺には嘉永四年(一八五一)十一月の「紙本淡彩英勝寺境内絵図」が所蔵されている。水戸家の川村新七郎・寺門祐吉が奉行となって堂舎・境内・源氏山の山林などを図示している。作成の意図として、それまでの絵図が傷んだことと土地の購入などに伴い隣地との境界の明確化を図ったことが絵図の書き入れから知られる。「窟不動之図(英勝寺・鶴岡八幡宮領境界図)」によれば、英勝寺の寺地は窟不動までとなっており、現在の窟不動がJR線を挟んだ位置にあることから、現在よりさらに東側にも及んでいたことが知られる。境内のワビスケとトウカエデは

英　勝　寺　仏　殿

市の天然記念物。

参考文献『鎌倉の古絵図』一・三(『鎌倉国宝館図録』一五・一七)

円覚寺

えんがくじ

山ノ内四〇九に在る臨済宗円覚寺派の大本山。詳しくは円覚興聖禅寺、山号を瑞鹿山という。室町時代には相国寺(京都方)とともに五山第二(鎌倉方)に位されていた。塔頭《たっちゅう》の仏日庵《ぶつにちあん》は鎌倉三十三観音霊場第三十三番札所。開山は宋よりの来朝僧無学祖元。無学は北条時宗が無及徳詮・傑翁宗英に託して招請した人で、建長寺に住せしめられたが、帰宋の志が動いたので、これを抑留優遇し、兼ねて蒙古来襲の際の彼我の戦死者の追薦のために、弘安五年(一二八二)時宗はこの寺を新建して、無学を開山に請じた。無学は同年から二年間、

建長寺と兼帯で円覚寺に住山し、同七年これを辞して建長寺専任住持に戻っている。その後、来朝僧では大休正念・鏡堂覚円・西澗子曇・一山一寧・東明慧日・霊山道隠・清拙正澄・東陵永璵、日本僧では桃渓徳悟・無隠円範・南山士雲・夢窓疎石・古先印元・大喜法忻・無礙妙謙・石室善玖・大拙祖能・此山妙在・鈍夫全快・椿庭海寿・久庵僧可・朴中梵淳・叔悦禅懌・仁英省輔・景初周随・三伯昌伊・大顚梵千・大機是倫・東嶽是岱・東山周朝・誠拙周樗・竹院昌筠・洪川宗温・洪嶽宗演らが住持して、現在に至る。その住持任命法は十方住持制といい、法系の異同を問わず、普く天下より人材を択んでこれに任ずる方式であったので、開山の門徒仏光派のみならず、大覚派(蘭渓道隆の派)・仏源派(大休正念の派)・大通派(西澗子曇の派)・一山派(一山一寧の派)・宏智《わんし》派(東明慧日の派、東明は曹洞宗に属し、そのうち宏智正覚の法系の末裔であったので宏智派という)・聖一派(東福寺開山円爾の派)・古林《くりん》派(古林清茂の法嗣竺仙《はっす》梵僊・石室善玖・月林道皎の法系を総称する)・焔慧《えんね》派(明極楚俊の派)・黄竜《おうりょう》派(明庵栄西の派)・大応派(南浦紹明の派)・大鑑派(清拙正澄の派)・大円派(鏡堂覚円の派)・幻住派(古先印元・復庵宗己・遠渓祖雄ら中峯明本の法を伝えた法系の総称)などの諸派より、その住持を出している。それ故、住持にはならなかったが、大衆のうちに混じて会《え》中に在った名僧には虎関師錬・中巌円月があり、塔頭の黄梅院塔主となった人に義堂周信がある。これらの僧が生前に営んだ寿塔および寂後に門弟らによって㭍められた塔院(総じてこれを塔頭と称する)が、開山塔正続院・檀那塔仏日庵(北条時宗・貞時・高時の廟所)をはじめ多くある。円覚寺はたびたび火災に際会している。すでに鎌倉時代に弘安十年、正応三年(一二九〇)、正和五年(一三一六、震火)などの罹災があるが、徹底的な大火災は応安七年(一三七四)十一月二十三日のもので、これは円覚寺開山の門徒仏光派と建長寺開山の門徒大覚派との対立の結果の大覚門徒の放火に起因し、折角七堂伽藍が具備した矢先の罹災で、以後、円覚寺は鎌倉時代末から南北朝時代前半期の全盛時代の状態に復することは、ついにできなかった。さらに応永十四年(一四〇七)、宝徳末年、永禄六年(一五六三)と火災は打ち続き、ことに永禄六年の火災は応安度に次いで被害が大きかった。そのために山内は頽廃し、京都五山との人的連繋も絶え、応仁以後は、後北条氏の外護による仏日庵・続燈庵、太田氏の外護による帰源庵、長尾氏の外護による竜隠《りょういん》・雲頂両庵が、わずかに頭角を顕わしているにすぎなかった。やがて、南北朝より室町時代前半にかけて、夢窓派がその中心をなすが故に、建長寺にも増して全面的な外護をした足利氏(ことに鎌倉公方)が古河に落ちのびて古河公方となってからは、その領内に永仙・甘棠などの諸院が存したためにその本庵たる黄梅院のみを外護するにすぎなくなったが、この一派にして、古河公方の家臣鳥海氏出身の三伯昌伊(玄伊)・天甫昌円(碩円)の二人が出て、古河公方(のちの喜連川氏)を後楯に、三伯は祖塔正続院復興に力を致し、天甫は仏殿の再興に尽瘁した。また三伯は天竜寺妙智院の三章令彰(玄彰)より、天甫は宗伯碩興より、当時京都五山に流行していた幻住派(この場合は遠渓祖雄の法系に限る)の法脈を関東に伝え、関東法脈再興の祖といわれ、この法脈は、爾後建長・円覚両寺末派を中心に関東一円に伝播する。その内容は口訣伝授・密参の禅である。円覚寺には三伯の法系(玄派)が主として導入され、建長寺には天甫の法系(碩派)が主として導入されたが、両寺相互に法系は錯綜している。これから江戸時代中期まで、両寺派内にはこの法系が蔓衍した。明和年間(一七六四―七二)、誠拙周樗が妙心寺派下より転じて、古月禅材派下の禅を派内に導入し、僧堂を再興して、その師家(当時は前版職といっている)となり近世禅林としての基礎を築き、従来の密参の禅の旧弊を一掃し、これから幕末

円覚寺

仏　殿

方丈庭園

仏 日 庵

黄 梅 院

白 雲 庵

続 燈 庵

までは関山派古月下の宗風が一山を支配したが、明治初年に、その伝燈も断絶し、僧堂も一時中絶した。明治六年(一八七三)、天竜寺派下の山口県岩国の永興寺の徒洪川宗温(今北氏)が、岡山の曹源寺の儀山善来に参じて、白隠慧鶴派下のうち隠山派下の法を得ていたのを住持に招聘して、同十年僧堂を三たび開単し、これより白隠下の宗旨が派内に行われるに至り、その弟子に洪嶽宗演を出し、洪嶽門下の参禅者には、たとえば夏目漱石ら明治年間の知識人・官僚・軍人などが多く、この門下からは、寺院に拠らない居士禅(一種の在家仏教)の集団たる人間禅(両忘庵輟翁宗活の一派)などが形成された。また鈴木大拙(貞太郎)が洪川に入門し、洪嶽より印可を受け、その尽力により英米に対して英文による禅の紹介があったので、欧米に対する布教もこの派より始まった。このように円覚寺一派は、臨済裡の近代化の先鋒となったが、反面においては、伝統を重んずる他の派からは、軽薄にして真の禅ではないという非難もある。円覚寺を大本山とする円覚寺派は、臨済宗十四派の一つで、末寺二百十を数える。その大部分は近世になって付随したもので、中世以来の末寺は僅少である。その半数は伊豆の国清寺《こくしょう》およびその末派である。末寺中には東京都新宿区市谷河田町の月桂寺、同文京区白山の竜雲院、新潟県南魚沼郡塩沢町の関興寺、埼玉県久喜市の甘棠院、栃木県塩谷郡喜連川町の竜光寺、群馬県伊勢崎市の泉竜寺、茨城県常陸太田市の正宗寺、横浜市南区永田町の宝林寺などがある。十一月上旬に宝物風入れが、十一月二十八日に弁天祭が催される。宝物には絹本著色の「仏涅槃図」、伝張思恭筆の「羅漢図」、絹本著色の「虚空蔵菩薩像」、同「被帽地蔵菩薩像」、同「無学祖元像」(自賛)、山田道安筆の「鍾馗図」、如水宗淵筆の「跋陀婆羅菩薩像」、無学祖元木像、銅造阿弥陀如来および両脇侍立像、「円覚寺境内絵図」「尾張富田庄図」(以上いずれも重要文化財)があり、その他二百通に上る中世文書

(中には北条時宗の書状や無学祖元の自筆書状のように、重要文化財に指定されているものを含む)があり、正安三年(一三〇一)八月銘の洪鐘と舎利殿(正続院昭堂)のごとく国宝に指定されているものもあり、塔頭にも仏日庵の『公物目録』、帰源院の「之庵道貫頂相」、黄梅院の『華厳塔勧縁偈軸』(義堂周信自筆)、「夢窓疎石頂相」(自賛)、続燈庵の太平妙準骨器(銅造)、白雲庵の東明慧日木像、伝宗庵の地蔵菩薩坐像(木造)などの重要文化財指定品がある。

参考文献　玉村竹二・井上禅定『円覚寺史』、『鹿山略記』、『扶桑五山記』(『鎌倉市文化財資料』二)、『浮木集』、佐藤虎丘『玄々集』、荻野独園『近世禅林僧宝伝』、小畠文鼎『続禅林僧宝伝』、同編『万年山聯芳録』、同編『相国寺中興史料』、『鎌倉市史』

(玉村　竹二)

舎《しゃ》利《り》殿《でん》　弘安八年(一二八五)大休正念は大慈寺にあった舎利を円覚寺に移して舎利殿を建立した。この建物が永仁元年(一二九三)および応安七年(一三七四)、応永十四年(一四〇七)、同二十八年の地震・火災に無事であったかどうか明らかでないが、応安の火災には焼失したらしく思われる。舎利殿はそれより先、建武二年(一三三五)開山塔頭となり、正続院

円覚寺舎利殿

と号し、開山塔の昭堂としても重んじられていた。永禄六年(一五六三)の火災には他の建物とともに罹災し、現在の建物はその後、尼五山の一つである太平寺の仏殿を移したものである。太平寺は大休正念の語録にも出ており、鎌倉時代に仏殿が建立されたことがわかるが、舎利殿は柱間寸法が完数でなく、扇垂木も中央近くから始まっているので、鎌倉時代のものとは認められず、応永十四年の墨書のある東京都東村山市野口町の正福寺地蔵堂に似ているから、これに近いころのものであろう。ただし中央の間と脇の間の比が三対二にならず、来迎柱の後退もないので、十五世紀中葉までは下らない。方三間、裳階付きの禅宗仏殿としては中規模なもので、柱の粽《ちまき》、窓・出入口の花頭、弓欄間、三手先の詰組組物、内部の構架など、禅宗様の代表的な手法を見ることができる。旧国宝で、昭和二十六年(一九五一)六月九日に改めて国宝に指定。

参考文献 関口欣也『鎌倉の中世建築』(『鎌倉国宝館図録』一四)、『神奈川県文化財図鑑』建造物篇、『円覚寺舎利殿修理工事報告書』

(太田博太郎)

仏日庵公物目録《ぶつにちあんこうもつもくろく》

北条家の廟所として鎌倉円覚寺内で最も重要な意義をもつ仏日庵の什宝目録。一巻。重要文化財。円覚寺蔵。巻末の識語によると、当初、元応二年(一三二〇)六月作成の目録が存在したが、その後什宝が北条・足利両氏により進物として使用されたり、紛失したりしたため、貞治二年(一三六三)四月に僧法清が現物によって精査をしたうえ、本目録を作成したことがわかる。諸祖の頂相《ちんぞう》三十九鋪をはじめ応化賢聖の像・絵画・墨蹟・堆朱・青磁・道具類などの目録であるが、現存するものはほとんどない。十三世紀末から十四世紀にかけて、中国大陸から将来された絵画・工芸・道具類などの状況を知り得る貴重な資料となっている。『鎌倉市史』史料編二などに所収されている。

参考文献 神奈川県教育委員会編『神奈川県文化財

図鑑』書跡篇、「研究資料　仏日庵公物目録」(『美術研究』二四)

(三浦　勝男)

円覚寺の文化財

境　内　全域が国の指定史跡に、円覚寺庭園が国の名勝となっている。山門とその棟札は平成七年(一九九五)二月十四日に神奈川県指定文化財に、塔頭《たっちゅう》正続院の開山堂・鐘楼・宿竜殿は鎌倉市指定文化財となっている。正安三年(一三〇一)八月銘の梵鐘は国宝に指定されている。この梵鐘の銘は西澗子曇が撰文し執権北条貞時が大檀那となって八月十七日に完成させたもので、貞時はその六日後の二十三日には執権職を降り出家退隠している。ほかに市指定文化財の梵鐘二点がある。境内のビャクシン・ウスキモクセイは市の天然記念物。なお、拝観できない塔頭もある。

彫　刻　開山塔に安置されている木造仏光国師坐像一軀、文永八年(一二七一)十月十九日の鋳造銘(中尊台座)がある銅造阿弥陀如来及両脇侍立像三軀は国の重要文化財。木造宝冠釈迦如来坐像一軀、木造薬師如来立像一軀は鎌倉市の指定文化財。

絵　画　「絹本著色仏光国師像」一幅(弘安七年(一二八四)九月の自賛あり)、「絹本著色仏涅槃図」一幅、「絹本著色五百羅漢像」三十三幅、「絹本著色虚空蔵菩薩像」一幅、「絹本著色被帽地蔵菩薩像」一幅、宗淵筆「紙本淡彩跋陀婆羅《ばつだばら》像」一幅、山田道安筆「紙本淡彩鍾馗図」一幅は国の重要文化財。東陵永璵賛「絹本著色仏鑑禅師像」一幅、「絹本著色五百羅漢」十六幅、「十六羅漢像」十六幅は神奈川県指定文化財。「絹本墨画水月観音図」一幅は鎌倉市の指定文化財。そのほか、「板絵円覚寺弁天堂洪鐘祭行列図」四枚が市の有形民俗文化財として指定されている。

書跡・古文書　『円覚寺文書』三百八十六通のほか北条時宗や無学祖元などの書状、「紙本淡彩円覚寺境内絵図」一幅、「紙本淡彩富田庄図」一幅、『紙本墨書仏日庵公物目録』一巻など多数の文化財が所蔵されている。印章「無学」は国の重要文化財。境内絵図は建武・暦応年間（一三三四―四二）になるもので、門前正面から俯瞰する構図で、外門・総門・三門、浴室・東司、仏殿・庫裡・法堂など堂宇の完備した状態を描いている。

工　芸　円覚寺開山簞笥収納品として、法衣・染織品類や堆朱・堆黒などの請来品など開山無学祖元に対する信仰を示すため寄進され保存されてきた遺品を収めるものとして国の重要文化財となっている。ほかに青磁袴腰香炉一口、髹漆須弥壇・前机二点が重要文化財。鰐口一口、屈輪文彫木朱漆大香合一合は神奈川県指定文化財。木造朱漆塗前机一脚、灌仏盤一口などは鎌倉市の指定文化財。

参考文献　『鎌倉の古絵図』一（『鎌倉国宝館図録』一五）

塔頭の文化財

白雲庵所蔵の木造東明禅師坐像一軀は国の重要文化財。木造宝冠釈迦如来坐像一軀は鎌倉市の指定文化財。

伝宗庵本堂安置の木造地蔵菩薩坐像一軀は国の重要文化財。

黄梅院所蔵の自賛の「絹本著色夢窓国師像」一幅、『黄梅院文書』百一通、『紙本墨書華厳塔勧縁疏』一巻は国の重要文化財。木造夢窓国師坐像一軀、夢窓疎石墨蹟四幅などが鎌倉市の指定文化財。そのほか応永三十年（一四二三）に再建された院の様子を描いた「紙本淡彩黄梅院古図」がある。

帰源院所蔵の元弘三年（一三三三）自賛の「絹本著色之庵和尚像」一幅は国の重要文化財。木造傑翁《けっとう》是英《ぜえい》坐像一軀は鎌倉市の指定文化財。

松嶺院所蔵の「絹本著色奇文和尚像」一幅、「紙本墨画白衣観音図」一幅は鎌倉市の指定文化財。

仏日庵所蔵の木造地蔵菩薩坐像一軀、「絹本淡彩墨画曇芳和尚像」一幅、剣一口は鎌倉市の指定文化財。

正続院所蔵の木造文殊菩薩騎獅半跏像一軀は鎌倉市

の指定文化財。

正伝庵所蔵の木造大達禅師明岩正因坐像一軀は鎌倉市の指定文化財。

富陽庵所蔵の木造東岳文昱《とうがくぶんいく》坐像一軀、桃渓徳悟坐像一軀は鎌倉市の指定文化財。

続燈庵所蔵の銅造仏応禅師骨壺は嘉暦二年(一三二七)十一月の夢窓疎石の銘があり国の重要文化財に指定されている。

参考文献 『鎌倉の古絵図』一(『鎌倉国宝館図録』一五)

円応寺 えんのうじ

山ノ内一五四三に所在する臨済宗建長寺派の寺院。山号は新居山。本尊の閻魔大王座像のほか十王像が安置されており、十王堂ともいわれる。草創については、寺蔵の初江王《しょこうおう》像の胎内銘・胎内木札から建長年間(一二四九―五六)と考えられる。銘によれば、善勧房が願主となり仏師幸有が建長三年八月に新造し、寛永十五年(一六三八)鎌倉仏工の左近が修復し、天和三年(一六八三)四月に江戸新橋の黒松源五郎が鎌倉の仏工扇ヶ谷住の後藤勘弥に再興させたことが知られる。また、閻魔大王像については「建長二年出来、永正十七年再興、仏師下野法眼如円(下略)」と記した胎内文書が延宝元年(一六七三)に修理した際に発見されたという。『新編鎌倉志』では開山を智覚禅師と伝えるが、智覚の没年(延慶二(一三〇九))などからみてそのままでは決しがたい。開基も未詳。寺は、建長寺と鎌倉街道を挟んだ、急な階段を上がった崖上にある。前身は、現在の材木座五丁目に碑が残る「浜の新居閻魔堂」で、足利尊氏が他所(由井郷見越岩)より移転させたという。『鎌倉攬勝考』によれば、当初由比浜大鳥居の東南に位置していたが、海岸が間近で元禄十六年(一七〇三)

円応寺本堂

十一月の房総沖を震源とする元禄大地震による津波に襲われ大破したらしく、翌年現在地に移転した。十王像のうち木造閻魔大王坐像・木造初江王坐像・木造倶生神坐像の三軀と木造鬼卒立像・木造檀拏幢は鎌倉時代の作で国の重要文化財、同じく鎌倉時代作の木造奪衣婆坐像は神奈川県の文化財に指定されており、ほかの十王像は後世の作である。

海蔵寺《かいぞうじ》

扇ガ谷四丁目一八—八に所在する臨済宗寺院。山号は扇谷山。開山は空外和尚。開基は扇谷上杉氏の四代目氏定（一三七四—一四一六）。本尊は薬師如来像。鎌倉三十三観音霊場第二十六番札所。『海蔵寺文書』永正七年正月吉日海蔵寺修造勧進状写によれば、応永元年（一三九四）に鎌倉公方二代足利氏満の命により氏定が薬師如来像を本尊として創建したとされる。開山には蘭渓道隆五世孫の空外和尚を迎え創建したとみえる。

この文書が書かれたころの海蔵寺は久しく修造されることがなく荒廃し方丈のみが残っている有様で、この勧進状は復興の勧進を進めるために建長寺前住持の玉《ぎょく》

海蔵寺本堂(右)と薬師堂(左)

隠英璵《いんえいよ》が撰した文書だったことがわかる。開山については諸説があり明らかになっておらず、先の文書にも不確かな部分があるが、海蔵寺の鐘銘に上杉氏定との関係を示す文言があり、応永の造営については信頼できる。本尊の薬師如来は啼薬師《なきやくし》ともいわれ、毎夜土の中から小児の声を発し金色の光と異香を放つ小さな墓に開山の源翁和尚が袈裟を掛けて声を鎮め、夜明け後に墓を掘ると薬師如来の頭部だけが現れ、薬師の像を造りその頭部を体内に収めたのが本尊だという。開基の上杉氏定は、扇谷上杉氏三代顕定の養子となり上杉家を嗣いで、応永二十三年の上杉禅秀の乱では鎌倉公方足利持氏に与したが、禅秀軍に攻められ藤沢の清浄光寺で同年十月八日に自害した。当寺旧蔵で建長寺西来庵所蔵の鐘の銘には「相州扇谷山海蔵寺常住鋳鐘、勧進聖正南上座、大檀那沙弥常継(上杉氏定法名)、応永念二年十一月念二日(念は廿の意)」とあり、寺と氏定との関係を思わせる。塔頭《たっちゅう》は開山塔である仏超庵のほか多数あった。仏殿の薬師堂は、棟札などから天正五年(一五七七)建立と知られるもので、安永六年(一七七七)に浄智寺(五〇〇《メートル》北方に所在)より移築した。

ほかに寺伝によれば応仁二年(一四六八)に修造された総門が今に残る。ほかに木造薬師如来及び両脇侍菩薩像三軀や嘉元四年(一三〇六)銘の板碑、古位牌二基が鎌倉市の指定文化財となっている。本寺には寛政三年(一七九一)正月作成の「紙本淡彩海蔵寺境内図」が残る。絵図では境内坪数を三万三百五十七坪余とし、建物として仏殿・客殿・庫裡・玄関・長屋・門と当時すでに大破していた塔頭七院の跡地などを図示している。『新編鎌倉誌』所載の境内図には、仏殿・方丈・総門、第六天神をまつる六天社、底脱井がみえるほか、開山塔跡(仏超庵)・寂外庵・孤峰庵・福田庵・竜渓庵・竜雲庵・崇徳庵・照用庵・棲雲庵・竜隠庵(今真光院)の塔頭跡を記しており往時の様子をうかがい知れる。なお、塔頭については『海蔵寺文書』中に瑞東庵の名もみえる。当寺の門前脇には鎌倉十井のうちの一つである底脱の井が、また境内には清水をたたえる十六の井と称されるものがあるが、もともとは鎌倉特有の墓地形式であるやぐらの納骨穴として使用されたと考えられている。

参考文献 『鎌倉の古絵図』一(『鎌倉国宝館図録』一五)

葛原岡神社

くずはらおかじんじゃ

梶原五丁目九―一に鎮座。由比ヶ浜の鎮守で、無格社。祭神は日野俊基《ひのとしもと》。創建は明治二十年(一八八七)で、南北朝時代の南朝の忠臣を顕彰する機運を背景に、祭神となる日野俊基(?―一三三二)が刑せられた故地に神社が創建された。社地は化粧坂切通を登った、現在の源氏山公園に接している。公園内には俊基の墓とされる宝篋印塔があり国の史跡に指定されている。俊基は、後醍醐天皇による鎌倉幕府討幕計画に協力した公卿で、元弘の変に際し幕府に捕らわれ葛原岡で殺された。近くに藤原仲能墓《ふじわらのなかよし》の碑が建つ。例祭は六月三日。

日野俊基墓

葛 原 岡 神 社

日野俊基墓《ひのとしもとぼ》 安山岩製で、高さ一一三・二センチ。昭和二年(一九二七)四月八日に国の史跡に指定された。時代としては室町時代初期の石造宝篋印塔と考えられるが、各部は当初からの一具ではなく、他所から移転され寄せ集められたものと考えられている。塔身に刻された梵字は四方仏を表す。廻りを石造の玉垣で囲まれている。

参考文献 狩野久編『日本の史跡』六

藤原仲能墓《ふじわらのなかよしぼ》 昭和十一年(一九三六)三月に鎌倉町青年団によって建立された。このころ鎌倉の遺跡顕彰運動が盛んとなり各所に石碑が建てられた。仲能(?―一二五六)は鎌倉幕府の評定衆となり、『尊卑分脈』によれば、中原氏で、従四位下。木工権頭・左馬助・能登守・刑部大輔などの官職にあった。碑文によれば、海蔵寺中興の大檀越で道智禅師ともいい、位牌が海蔵寺に現存するという。

建長寺

けんちょうじ

山ノ内八にある。臨済宗建長寺派の本山。正式には建長興国禅寺という。山号は巨福山。本尊は地蔵菩薩。鎌倉五山の一つ。鎌倉三十三観音霊場第二十八番札所。塔頭《たっちゅう》の妙高院(山号若昇山)・竜峰院(山号蓬莱山)はそれぞれ第二十七番・第二十九番札所。建長元年(一二四九)北条時頼の発願により創建され、同五年に落成、年号にちなんで建長寺と称された。開山は蘭渓道隆。以後、蘭渓の門派である大覚派の本拠として栄えるとともに、歴代には兀庵普寧《ごったんふねい》・無学祖元など当代を代表する各派の禅匠が住し、鎌倉五山全体の中心をなしていた。そして執権北条貞時のころには、すでに鎌倉幕府から五山の称号を与えられていたが、延慶元年(一三〇八)貞時の奏上によって定額寺に列せられ、朝廷から勅額を賜わった。やがて暦応四年(一三四一)八月二十三日、室町幕府によって五山の第一位に列せられた。そののち、五山位次には多少の異動が見られたが、建長寺は常に第一位を保ち続け、至徳三年(一三八六)七月、足利義満によって五山位次が最終的に決定された時にも、鎌倉五山の第一位に列せられている。同寺の落成後約四十年の永仁元年(一二九三)四月、大地震のためにほとんど全焼したが、正安二年(一三〇〇)ころには再建されていたようである。ついで正和四年(一三一五)七月、再び火災に遭い、翌年には再建に着手しているが、その後の復興状況は明らかでない。さらに応永二十一年(一四一四)十二月、民家からの類焼により諸堂が焼失してしまったほか、同三十三年八月にも火災があったが、復興については未詳である。その後、正保四年(一六四七)に、徳川家光が芝増上寺の崇源院霊所より仏殿・唐門を移建して復旧した。さらに、宝暦五年(一七五五)に三門を再建、文化十一年

（一八一四）に法堂を再建して今日に至っている。塔頭はもと開山塔の西来庵以下四十九院あったが、現在十院であり、建長寺派の末寺は四百六十九ヵ寺である。行事として、九月二十八日に茶筅供養が、十一月上旬に宝物風入れが行われる。寺宝には蘭渓道隆画像、蘭渓道隆筆規則、建長七年鋳造の梵鐘（以上国宝）などをはじめ重要文化財の建築物・彫刻・絵画・書などが多い。

参考文献 『鎌倉市史』社寺編

（今枝 愛真）

建長《けんちょう》寺《じ》造営《ぞうえい》料《りょう》唐船《とうせん》 建長寺船とよばれることもある。中国元の世祖（フビライ）の末期以来、貿易方針が変転し、貿易管理の官庁ともいうべき市舶司の廃止、復活が繰り返された。英宗の至治二年（元亨二、一三二二）三度市舶司が復活され、宋以来日本・高麗向け専用の慶元港にのみ存置された。ちょうどそのころ日本では寺社はその造営費を荘園の年貢に期待できなくなり、それを貿易に求める傾向となってきた。ところが世祖の日本遠征が失敗に帰してより、元では漸次恐日思想が深まり、日本商船に対して警戒を厳重にしたので、日本商船が誤解されて元側の迫害を蒙ることが頻発した。そこで社寺造営料獲得を目的とする商船、いわゆる造営料唐船は朝廷と鎌倉幕府の公許貿易船としてその性格を明らかにして渡元した。今日知られている最初のものは造勝長寿院并建長寺唐船で、一般に建長寺造営料唐船として知られている。それは正中二年（一三二五）七月出航し、翌嘉暦元年（一三二六）九月帰国した。

参考文献 森克己『日宋貿易の研究』（『森克己著作選集』一―三）、相田二郎「中世に於ける海上物資の護送と海賊衆」（『中世の関所』所収）、三浦周行「天竜寺船に関する新研究」（『史学雑誌』二五ノ一）、柴謙太郎「鎌倉幕府の遣外船建長寺船について」（『歴史地理』五九ノ四）

（森 克己）

建長寺

仏　殿

唐　門

鐘　楼

庭　園

西 来 庵

半僧坊大権現

遠　　景

建長寺の文化財

境　内　全域が国の指定史跡、建長寺庭園が国の名勝となっている。仏殿は桁行三間梁間三間、一重裳階《もこし》・寄棟造、昭堂は桁行五間梁間五間、一重・寄棟造・茅葺、唐門は桁行一間梁間一間、向唐門・銅板葺で、ともに大正十一年（一九二二）四月十三日に、山門（三間一戸二階二重門・入母屋造）と法堂《はっとう》（桁行三間梁間三間で一重裳階付）が平成十七年（二〇〇五）七月二十二日に国の重要文化財に指定された。石造大覚禅師塔は無縫塔形式で昭和九年（一九三四）一月三十日に国の重要文化財に指定された。建長寺鐘の名称がある建長七年（一二五五）二月二十一日銘を持つ梵鐘は国宝となっている。蘭渓道隆が撰文し執権北条時頼が大檀那となって完成された。翌年十一月に時頼は執権職を辞している。なお、境内のビャクシンは市の天然記念物。境内地奥には江戸時代の海運に力を尽くした河村瑞賢や大正時代の小説家の葛西善蔵の墓が所在する。

彫　刻　木造北条時頼坐像一軀と木造伽藍神像五軀は国の重要文化財。木造大覚禅師坐像一軀、木造千手観音菩薩坐像一軀は神奈川県の指定文化財。木造釈迦如来坐像一軀、木造地蔵菩薩坐像一軀、銅造釈迦如来及び五百羅漢像一具、木造聖僧文殊菩薩坐像一軀、木造枢翁妙環坐像一軀は鎌倉市の指定文化財。

絵　画　文永八年（一二七一）の自賛がある「絹本淡彩蘭渓道隆像」が昭和二十七年三月二十九日に国宝に指定されている。霊石如芝の賛がある「絹本著色大覚禅師像」一幅、経行像である「絹本著色大覚禅師像」一幅、明応九年（一五〇〇）玉隠英璵《ぎょくいんえいよ》賛の「紙本墨画喜江禅師像」一幅、「絹本著色十六羅漢像」八幅、「絹本著色釈迦三尊像」一幅、「絹本墨画観音像」三十二幅は国の重要文化財。「絹本著色十六羅漢図」十六幅は神奈川県の指定文化財。「絹本著色錦江和尚像」一幅、「絹本著色約翁和尚像」一幅、「絹本著色釈迦三尊図」一幅、「絹本著色地蔵十王図」十一幅、「絹

本著色白衣観音像」一幅、「紙本著色達磨図」一幅、「絹本墨画猿猴図」双幅、「絹本著色蓮池図」二幅は鎌倉市の指定文化財。

書　跡　大覚禅師墨蹟「法語規則」二幅は国宝。大覚禅師墨蹟三幅、永正十三年(一五一六)玉隠筆『西来庵修造勧進状』一巻、『和漢年代記』二冊、蘭渓道隆書写の『金剛般若経』一帖は国の重要文化財。蘭渓道隆筆罰榜と書状、大拙祖能《だいせつそのう》賛の「円鑑図」、「建長寺伽藍指図」(元弘元年)、「建長寺境内絵図」(延宝六年)は鎌倉市の指定文化財。

工　芸　黒漆須弥壇一基は国の重要文化財。木造漆塗前机一脚、銅造燭台一基、銅造火鈴一口は鎌倉市の指定文化財。

参考文献　『鎌倉の古絵図』一(『鎌倉国宝館図録』一五)

塔頭の文化財

西来庵唐門は昭和四十六年(一九七一)三月三十日に神奈川県指定文化財に指定されている。

正統院所蔵で正和四年(一三一五)九月の銘がある木造高峰顕日坐像一軀は国の重要文化財に指定されている。

禅居院所蔵の木造観音菩薩半跏像一軀は神奈川県の指定文化財。

竜峰院所蔵の木造仏燈国師坐像一軀、木造伝聖観音菩薩坐像一軀は鎌倉市の指定文化財。

光照寺

こうしょうじ

山ノ内八二七に所在する時宗寺院。山号は西台山、院号は英月院。藤沢市の清浄光寺の末寺。開山は一向。本尊は阿弥陀如来像。境内には、本堂・庫裡・日限《ひぎり》地蔵堂・山門などがある。このうち山門は、明治五年(一八七二)に廃寺となった近くの台に所在した臨済宗東渓院の山門を移築したものという。同じく客仏の釈迦如来坐像も同院の本尊であったものを移したという。本尊の阿弥陀如来及び両脇侍菩薩立像三軀は胎内修理銘によれば永享元年(一四二九)以前の造像だといわれ、境内の年未詳の板碑が鎌倉市の指定文化財となっている。ほかに、隠れキリシタンの燭台二台が所蔵されており、山門にもクルス紋が掲げられている。

光照寺山門

最明寺

さいみょうじ

もと山ノ内にあった臨済宗の寺院。執権北条時頼(一二二七—六三)の屋敷の傍らに建てられたとされるが、明月谷の奥をその位置とする説に対して、『鎌倉市史』は、「円覚寺境内絵図」中の東慶寺の向かい側に「最明寺」という地名がみえ、『吾妻鏡』の記事に最明寺で競馬を行なったことが知られ谷奥の狭い空間では実現が難しいことなどから寺跡をここに比定する説を紹介する。時頼は康元元年(一二五六)十一月二十二日に病気(赤痢)により執権職を北条長時に譲り出家し、法名を最明寺入道覚了房道崇とした。邸に併設した宗教的な場として最明寺を称したとされる。現在、明月谷の奥の明月院総門脇に参道を持つ北条時頼廟がある。『吾妻鏡』には時頼在世中の記事に最明寺関係のものがみられるが、住持をおいた本格的な寺院ではなく持仏堂ないし禅定室のようなものであった可能性もある（『鎌倉市史』社寺編）。弘長三年（一二六三）十一月二十二日に時頼は最明寺北亭で三十七歳で没している。寺院として体をなしていなかった「最明寺」は時頼死後は廃絶したが、北条時宗によって再興され、禅興寺となったという。→禅興寺《ぜんこうじ》

佐助稲荷神社

さすけいなりじんじゃ

佐助二丁目二二―一二に鎮座。祭神は、宇迦御魂命《うかのみたまのみこと》・大己貴命《おおなむちのみこと》・佐田彦命《さるたひこのみこと》・大宮女命《おおみやひめのみこと》・事代主命《ことしろぬしのみこと》の五神。勧請年月未詳。鎌倉を取り巻く尾根筋の直下の、佐助谷の奥まったところに位置する。社名の由来として、源頼朝の挙兵にあたり頼朝の夢中に当社の神が現われて挙兵を勧め、「佐殿《すけどの》」（頼朝の通称）を助けたことから佐助と称したという。建久年間（一一九〇―九九）には頼

佐助稲荷神社

朝の命により畠山重忠《はたけやましげただ》をして再建させたという。正平十四年(一三五九)十二月十一日足利尊氏御判御教書により「佐介谷稲荷社別当」は凶徒退治の祈禱を命ぜられた。社領として頼朝再建時に台と山崎の地の寄進を受け、応永二十五年(一四一八)二月十日に関東管領上《うえ》杉憲実《すぎのりざね》により、佐介谷稲荷社別当職と社領が安堵された。明治初年には鶴岡八幡宮の末社として存し、明治四十二年(一九〇九)六月二十六日に本社・末社の関係は解消された。鳥居が立ち並ぶ参道を登ると本殿・拝殿などがあり、本殿は明治二十八年四月の建築。二月最初の午の日に初午祭がある。

■寿福寺■

じゅふくじ

扇ガ谷一丁目一七―七に所在。亀谷山寿福金剛禅寺と号す臨済宗建長寺派の寺。もと鎌倉五山第三位。鎌倉三十三観音霊場第二十四番札所。開山明庵栄西、開基源頼家・北条政子。正治二年(一二〇〇)創建。本尊釈迦三尊坐像。禅密兼修の濃い寺であった。寺域は源義朝の亭跡と伝え、頼朝はこの地に幕府を構えようとして中止している。創建当初は総門・山門・仏殿・庫裏・方丈を擁していたが、小規模であったとみえ『海道記』『東関紀行』などの紀行文に当寺の記述はない。禅刹としての体裁は弘安元年(一二七八)ごろ整えられたと考えられ、この間、宝治元年(一二四七)・正嘉二年(一二五八)罹災した。元亨三年(一三二三)北条貞時十三年忌供養に当寺から僧衆二百六十人が参加しているので、このころまでには復興されたようで、山門・仏殿・土地堂・祖師堂・方丈の存在が知れる。応永二年(一三九五)・応仁元年(一四六七)などにも再三被災し、文明十八年(一四八六)ごろは「不㆑逢㆓一个之僧㆒」(万里集九『梅花無尽蔵』)と記されるほど往古の盛観が失われた。中世の寺領は応永二年に陸奥国行方《なめかた》郡内の福

山　　門

北条政子墓

源 実 朝 墓

岡・矢河原・小池・南草野各村が知られるだけであるが、徳川家康は天正十九年(一五九一)五貫二百文を寄進、のち八貫五百七十七文に加増された。江戸時代中期ごろまで衰退していたらしいが、天保年間(一八三〇—四四)には復興されたようで、塔頭も桂陰・正隆・悟本・積翠の四庵があった。現在は塔頭もなく、外門・山門・仏殿・庫裏などからなり、墓地には北条政子・源実朝墓と伝える五輪塔があり、寺宝に木造地蔵菩薩立像(重要文化財)・『喫茶養生記』(同)などがある。境内は国史跡。

参考文献　『鎌倉市史』社寺編、高木智子「江戸時代の寿福寺」(『鎌倉』二〇)　(三浦　勝男)

寿福寺の文化財　彫刻では、木造地蔵菩薩立像一軀、銅造薬師如来坐像一軀(鶴岡八幡宮伝来)が国の重要文化財に、木造栄西禅師坐像一軀、木造達磨大師坐像一軀、脱活乾漆造釈迦如来像・木造脇侍像三軀が神奈川県の、もう一体の木造栄西禅師坐像一軀、木造伽藍神倚像三軀が鎌倉市の指定文化財となっている。仏殿と寛文八年(一六六八)銘の庚申塔が鎌倉市指定文化財となっている。絵画史料としては、「絹本著色釈迦三尊十六善神像」一幅、「紙本墨画白衣観音図」一幅が鎌倉市指定文化財。栄西の著した『喫茶養生記』一冊が国の重要文化財に、「寿福寺・同塔《たっ》頭《ちゅう》境内絵図及領地図」二幅五鋪が市の指定文化財となっている。これらの絵図はいずれも寛政二年(一七九〇)の成立で、寿福寺境内と塔頭桂陰庵・桂光庵・悟本庵・正隆庵四庵を図示する。このほか本寺には数種の境内図と塔頭図が所蔵されている。なお、境内のビャクシンは市の天然記念物。境内には源実朝・北条政子・高浜虚子・大仏次郎《おさらぎじろう》などの墓がある。

参考文献　『鎌倉の古絵図』一(『鎌倉国宝館図録』一五)

浄光明寺

じょうこうみょうじ

扇ガ谷二丁目一二―一に所在する古義真言宗寺院。山号は泉谷山。京都泉涌寺の末寺。本尊は阿弥陀如来像で木造阿弥陀如来及両脇侍坐像三軀として国の重要文化財に指定されている。鎌倉三十三観音霊場第二十五番札所。開山は浄土僧の真阿、開基は鎌倉幕府第六代執権の北条長時（一二三〇―六四）で、寺伝では建長三年（一二五一）の創建とする。長時は文永元年（一二六四）八月二十一日に浄光明寺で死去した。翌年の五月三日に泉谷新造堂で鶴岡八幡宮の別当隆弁を導師として長時の仏事が催されたことが『吾妻鏡』にみえる。新造堂は浄光明寺内にあったと思われ、一周忌には時期が早く仏事の性格は不明。『浄光明寺文書』の永仁四年（一二九六）正月二十三日二世真了への真阿譲状によれば、本寺は北条時頼と長時を本願主として建立され、「浄土宗解行二門兼脩之器量」を持った住持を選ぶように明記されていて、当初浄土宗の寺であった。

浄光明寺客殿

その後本寺を浄土・真言・律・禅の四宗兼学とした三世智庵和上高慧がおり、四世と考えられる律宗系の性仙が続く。元弘三年(一三三三)十月五日の後醍醐天皇綸旨により上総国山辺北郡堺郷と鹿見塚、相模国波多野庄内平沢村一分等を安堵され、成良親王が鎌倉に下向した際に本寺を祈願所にした(元弘三年十二月二十日成良親王令旨)。室町時代以後も寺領の寄進などがあり、足利尊氏の寺領寄進、足利直義による仏舎利寄進のほか、鎌倉公方足利満兼が祖父基氏・父氏満の分骨を浄光明寺に奉納するなど関係を深めた。そのため鎌倉公方が他所に移転すると衰微していった。本寺には、塔頭《たっちゅう》として玉泉院・慈恩院・華蔵院・東南院・慈光院があったことが知られる。寛文八年(一六六八)に阿弥陀堂を再建した。浄光明寺の文化財は前記のほか、境内と冷泉為相《れいぜいためすけ》墓は国の史跡に指定されている。阿弥陀堂と山門は鎌倉市指定文化財となっている。大伴神主家の墓所は市の指定史跡。石造の浄光明寺五輪塔は昭和十三年(一九三八)八月二十六日に国の重要文化財に指定されている。覚賢長老の墓塔で所在は寺地とは離れ、谷奥の多宝寺跡にある。多宝寺跡のやぐら群(市の指定史跡)や五輪塔の調査が昭和三十三年以降数次にわたり行われ、出土品二十二点が国の重要文化財に指定され本寺の所蔵となっている。この地には現在日蓮宗の妙伝寺が建っている。彫刻では、木造彩色地蔵菩薩立像一軀が神奈川県の、石造地蔵菩薩坐像一軀、木造愛染明王坐像一軀が鎌倉市の指定文化財となっている。絵画史料の「浄光明寺敷地絵図」一幅が国の重要文化財で、「絹本著色僧形八幡神像・弘法大師像」対幅が市の指定文化財となっている。その他、『浄光明寺文書』三十一通(『鎌倉市史』史料編一所収)、木造古位牌一基、支院慈恩院の年貢枡が市の指定文化財となっている。なお、境内の阿弥陀堂の裏には漁師の網にかかったという石造網引《あみひき》地蔵があり、マキ・ビャクシンは市の天然記念物となっている。

松谷寺

しょうこくじ

佐助一丁目に所在した寺院。宗旨未詳。現在は廃絶しており、天保三年（一八三二）成立の「扇ヶ谷村絵図」に佐介ヶ谷の小谷として描かれる「松枝谷」が旧跡と推定されている。智通上人宛の足利直義書状や、『浄妙寺文書』（『鎌倉市史』史料編三所収）には、当寺における『一切経』の開板に関する記事がみえる。当寺と隣接して、北条時盛が建てたという松谷《まつがや》文庫が経営されていた。

松谷文庫《まつがやぶんこ》　北条時盛が鎌倉佐介谷《さすけがやつ》松谷《まつがや》（佐助一丁目）に建てたといわれる文庫。この文庫は金沢文庫資料『重寿阿闍梨記』『一字文殊法』などによって知られ、佐介文庫とも呼ばれたらしい。創設者や成立の時期は明らかでないが、当時、佐介谷を拠点にしていた佐介氏の祖で、六波羅探題などの要職を歴任した北条時盛が建てたと推定されている。また文庫の規模・蔵書内容・存続期、さらには活動情況などについても、まったく不明であるが、時盛の子孫には時親・時綱・時元・貞資ら歌人が多く輩出しているから、これら文学を愛好した一門によって書写・収集され、経営されたことはいうまでもない。なお、東大寺凝然の弟子智照をはじめ、智通・解一・十蔵・無二らの学僧が止住し、経論などの書写や研究を推進するとともに、一切経印板を所蔵して、出版活動も盛んに行なった松谷寺が隣接していた。これは北条実時一門が経営した金沢文庫および金沢称名寺とあまりにも類似している。

参考文献　関靖『金沢文庫の研究』、熊原政男『金沢文庫書誌の研究』（『金沢文庫研究紀要』一）、納富常天『金沢文庫資料の研究』

（納富　常天）

浄智寺

じょうちじ

山ノ内一四〇二に所在する臨済宗円覚寺派の寺院。山号は金宝山。鎌倉五山第四位。鎌倉三十三観音霊場第三十一番札所。寺伝によれば、開山は兀庵普寧《ごつたんふねい》(一一九七―一二七六)、請待開山は大休正念(一二一五―八九)、準開山は南洲宏海(?―一三〇三)、開基は北条時頼の子宗政(一二五三―八一)とその子で第十代執権の師時(一二七五―一三一一、法名は浄智寺道覚)という。創建年代は明らかでないが、実質的な開山は宏海で、その師普寧を開山に据え、入仏の供養などを正念が行い、宗政死後に夫人らにより供養のために弘安年間(一二七八―八八)の末に草創されたらしい(『鎌倉市史』社寺編)。歴代の住持は、宏海のあと高峰顕日・夢窓疎石・鏡堂覚円・大休正念・桑田道海・太平妙準・清拙正澄・竺仙梵僊・古先印元・青山慈永・不聞契聞・実翁聡秀・傑翁是英・少室慶芳など臨済宗だけでなく曹洞宗(契聞・太虚契充・無聞聡)の名僧の名がみられる。塔頭《たっちゅう》としては、蔵雲庵(宏海の塔所)・正紹庵・正源庵・竜淵山真際精舎・楞伽《りょうが》院・正覚庵・大円庵・同証庵・正印庵・興福院・福正庵の十一院が知られるが、現在は退転している。創建後鎌倉時代の浄智寺については、開基師時の執権時代(一三〇一―一三一一)には権力者の寺として相応の発展が見られたかと考えられるが、未詳の部分が多い。南北朝時代の延文元年(一三五六)に焼失したが、室町時代に鎌倉公方の足利持氏や子成氏が一時的ではあれ鎌倉での滞在場所として利用していることからみて寺観を保っていたようだ。室町時代中期の成立と考えられる『鎌倉五山記』には先の塔頭名のほか、方丈・書院・法堂《はっとう》・山門など堂宇の整っていることが記されている。戦国時代には小田原北条氏より寺領寄進(都合七貫七百四十六文)などで保護されるようになった。天正十九年（一五九一）には寺領六貫百四十文が徳川家康により寄進されている。以降は徐々に衰微していったらしいが、江戸時代末期の天保期には仏殿・方丈・鐘楼・楼門や塔頭などある程度持ち直していたことが知られる（『新編武蔵風土記稿』）。伽藍は、大正十二年（一九二三）の関東大震災に

浄智寺総門(上)と曇華殿(下)

より大破し、現在は昭和に再建の仏殿・惣門・山門などが存している。仏殿は曇華《どんげ》殿と称し、過去・現世・未来を司る阿弥陀・釈迦・弥勒の三如来を安置する。境内は国の指定史跡となっており、奥の洞窟には江ノ島鎌倉七福神の一つ石造布袋像があり、総門前には、鎌倉十井の一つ甘露の井がある。文化財としては、慶安二年(一六四九)鋳造の銅鐘が神奈川県指定文化財。木造地蔵菩薩坐像一軀は国の重要文化財に指定され、本尊の木造三世仏坐像三軀は神奈川県、木造韋駄天立像一軀、木造聖観音菩薩立像一軀、「紙本墨画白描菩薩図像」一幅は鎌倉市指定文化財となっている。永正十二年(一五一五)玉隠筆『西来庵修造勧進状』一巻は国の重要文化財。その他、木造今上牌一基も市の指定文化財。なお、境内のコウヤマキ・タチヒガン・ビャクシンは市の天然記念物。

称名寺

しょうみょうじ

今泉四丁目五―一に所在する浄土宗寺院。山号今泉山、院号一心院。東京芝の増上寺の末寺。浄土宗寺院とし

称名寺本堂

ての開山は直誉《じきょ》蓮入《れんにゅう》で、本尊は来迎阿弥陀三尊像。寺伝では空海創建の不動堂の別当寺で八宗兼学の道場であり、円宗寺と伝える。その後、直誉蓮入が貞享元年（一六八四）六月に本堂を再興し、元禄六年（一六九三）には浄土宗寺院となり、現寺名を称するようになった。砂押川の上流、谷戸の押し詰まったところに位置し、寺地から奥まったところに位置する今泉不動堂がある。現在周りはゴルフ場として開発されている。元禄十五年銘の鐘が存したが、第二次世界大戦中の昭和二十年（一九四五）に供出して現存しない。

銭洗弁財天《ぜにあらいべんざいてん》

佐助二丁目二五―一六に鎮座する、扇ガ谷の八坂大神の境外末社。正式名称は銭洗弁財天宇賀福《うがふく》神社。鎌倉五名水の一つの銭洗水があり福神が銭を洗ったという伝承がある。そのことから銭洗水でお金を洗い、使うと二倍になって戻って来るという言い伝えに発展し、遠くからも参詣人が今に絶えない。ご神体は宇賀神《うかのかみ》で、伊豆石製の人頭蛇身の像で明治時代に興禅寺跡のやぐ

銭洗弁財天奥宮(左)と本宮(右)

らから出土したものをまつっているという。昭和三十三年(一九五八)五月建立の石鳥居と多数の木造鳥居が立ち並ぶ。そのほか境内には、七福神社、上之水神宮、下之水神宮がある。↓八坂大神《やさかだいじん》

禅興寺 ぜんこうじ

山ノ内、明月院の西に所在したが、廃絶した寺。臨済宗寺院で山号福源山。関東十刹の一つ。開山蘭渓道隆、開基北条時宗。文永五(一二六八)、六年ごろの開創。『相模国風土記稿』は北条時頼が創建した最明寺旧跡を時宗が再興したと伝える。元亨元年(一三二一)北条貞時十三年忌供養に僧衆九十二人が参加していることや『東海一漚集』に「不同小々叢林也」とあるように相当の大寺であった。康暦元年(一三七九)鎌倉御所足利氏満は当寺を修造したが、『五山記考異』にいう伽藍は仏殿・法堂・僧堂・経蔵・山門・稜厳塔・昭堂などの構成である。寺領は武蔵国比企郡平沼郷ほかにあったが、天文十六年(一五四七)北条氏康は当寺総門内の田畠や同所山野竹木などを明月院へ寄付している。江戸時代には住持東陽道杲が復興に努力したが、往古の寺観を復するに至らず、江戸時代末期には明月院に付属する形で存続し、明治初年に廃絶した。明月院は、もと禅興寺の塔頭。現在は臨済宗建長寺派。本尊如意輪観音坐像。『鎌倉志』は開山密室守厳、開基上杉憲方と伝えるが、寺伝では山内首藤経俊開基、上杉憲方中興開基とする。室町時代を通じて繁栄し、その寺観は当院蔵の重要文化財『明月院絵図』にみられるが、寺史は未詳。寺領は山内荘岩瀬郷、常陸国信太《しだ》荘内古《ふる》来《く》郷・矢作《やはぎ》郷・中村郷などにあった。『五山記考異』には集英(客殿)・継芳・檀那塔・外門ほか四寮舎が記されている。明治四年(一八七一)六月罹災。現在は総門・本堂・開山塔・庫裡などの寺容で、伝上杉憲方墓

や伝北条時頼墓という宝篋印塔もある。境内は国史跡。

↓最明寺《さいみょうじ》　↓明月院《めいげついん》

参考文献　『鎌倉市史』社寺編　（三浦　勝男）

巽神社　たつみじんじゃ

扇ガ谷一丁目九―七に鎮座。祭神は、息津《おきつ》日子神《ひこのかみ》・息《おき》津《つ》日女神《ひめのかみ》・火産霊神《ほむすびのかみ》。扇ヶ谷の鎮守で、旧村社。以前は荒神《こうじん》・荒神社・巽荒神などとも号した。勧請年月日は不詳だが、延暦二十年（八〇一）に坂上田村麻呂が葛原岡に勧請したとも伝える。『新編鎌倉志』によれば、社名の由来はもと寿福寺の鎮守で寺の巽（東南）の方角に位置していたためという。『快元僧都記《かいげんそうずき》』には天文八年（一五三九）十月に扇谷今小路の番匠主計助が荒神の宮を修補したことがみえる。江戸時代の貞享のころは北東に位置する浄光明寺玉泉院の管理するところとなっていて、明治初年には浄光明寺の鎮守でもあった。社殿は、大正十二年（一九二三）の関東大震災で全壊し二年後の修復を経ている。ほかに境内には寛文十二年（一六七二）卯月吉日銘の手洗石、元禄十年（一六九七）

巽　神　社

銘の石燈籠、文政七年(一八二四)銘の石鳥居がある。例祭は十一月二十八日。

長寿寺

ちょうじゅじ

山ノ内一五二〇に所在する臨済宗建長寺派に属する寺院。亀ヶ谷切通の入口付近にある。山号は宝亀山。本尊は釈迦如来像。『古先和尚行状』によれば開山は古先印元(一二九五―一三七四)で、印元六十四歳、延文三年(一三五八)のこととなるが、『建長寺文書』建武三年(一三三六)八月二十九日の長寿寺長老宛足利尊氏御教書では長寿寺を諸山に列することがみえ、印元開山より四十二年前にはすでに長寿寺が寺院として存在していたことが知られる。また、建武三年以前の寺の存在を示す記録はなく、この時期からそう隔たらない時に創建されたことが考えられる。古先は、蘭渓道隆門下の桃渓徳悟に従い出家し、入元、帰朝後に上杉氏との関係ができ、特に足利尊氏・直義の生母である上杉清子の帰依を受けてその関係から夢窓疎石の仲介に

長寿寺本堂

より甲斐の慧林寺(恵林寺)に住することになった。その後鎌倉の浄智寺、延文三年には足利基氏に請われて長寿寺に、翌年円覚寺・建長寺に住し応安七年(一三七四)に寂した。その後寺は、康正元年(一四五五)に僧堂がなり、文安五年(一四四八)十二月二十日に焼失し(『続本朝《ぞくほんちょう》通《つ》鑑《がん》』)、六年後になった『鎌倉年中行事』の記事によれば、この時には本寺が健在だったことが知られる。天正十九年(一五九一)の建長寺朱印領配分帳案には建長寺の末寺であったことが知られる。尊氏の五輪塔と木像が伝えられている。

とうけいじ

東慶寺

山ノ内一三六七にある臨済宗円覚寺派の寺院。縁切寺・駈込寺・駈入寺・松ヶ岡御所などともよぶ。山号松岡山。鎌倉三十三観音霊場第三十二番札所。開山は北条時宗の妻覚山尼、開基は北条貞時。弘安八年(一二八五)開創。寺伝では、開創時に縁切寺法の勅許を得たという。二世から四世までの住持の伝記は明らかでないが、五世には後醍醐天皇の皇女用堂尼が入り、以後、

東慶寺仏殿

足利氏ゆかりの女性が相ついで住した。中では、義明の女で十七世の旭山尼、高基の女で十八世の瑞山尼らが名高い。室町時代には鎌倉尼五山第二位に列せられ、小田原北条氏も厚く保護した。江戸時代には徳川家康が百十二貫文の寺領を寄進、豊臣秀頼の女で千姫養女の天秀尼が入寺、伽藍を整備するとともに、寺法行使の力を強めたが、二十二世玉淵法盤を最後に住持不在となり、子院の蔭涼軒主が取りしきった。明治四年(一八七一)寺法が禁止され、同三十五年、古川尭道が入寺してから以後は男僧住持の寺となった。蔭涼軒のほか、清松院・永福軒・妙喜庵・海珠庵などの塔頭や、駈込女を扱う寺役所もあったが廃絶した。本堂・書院・方丈などはすべて昭和時代の再建。本尊は木造釈迦如来坐像。南北朝時代の木造聖観音菩薩立像、室町時代の初音蒔絵火取母、桃山時代の葡萄蒔絵螺鈿聖餅箱(以上重要文化財)のほか、南北朝時代の木造水月観音菩薩半跏像、観応元年(一三五〇)銘銅鐘、多数の漆工品などが伝わり、中世文書・縁切寺法関係文書類も多い。

参考文献　高木侃編『縁切寺東慶寺史料』、貫達人編『(改訂新編)相州古文書』四、『神奈川県史』史料編三・八、小丸俊夫編『縁切寺松ヶ岡東慶寺史料』、『鎌倉市史』社寺編・史料編三、穂積重遠『離縁状と縁切寺』、井上禅定『駈込寺東慶寺史』、同『鎌倉東慶寺の縁切寺法』(『鎌倉国宝館論集』一〇)、同『東慶寺と駈込女』(『有隣新書』五一)、石井良助『江戸の離婚』(『日経新書』二五)、五十嵐富夫『縁切寺』、同『駈込寺』(『塙新書』六四)、高木侃『三くだり半と縁切寺―江戸の離婚を読みなおす―』(『講談社現代新書』一〇九二)

(三山　進)

東慶寺の文化財　彫刻では木造聖観音立像一軀が国の重要文化財、木造彩色水月観音坐像一軀が神奈川県の、木造釈迦如来坐像一軀、木造観音菩薩坐像一軀が鎌倉市の指定文化財となっている。工芸品では初音《はつね》蒔絵《まきえ》火取母《ひとりも》一口、葡萄蒔絵螺鈿聖餅箱一合は国の重要文化財で、後者は当時二十世住持の天秀尼（豊臣秀頼の娘）の所持品と伝え、キリスト教の儀式用具で中世末期のヨーロッパ向けの輸出漆器と同類の遺品である。そのほか銅鐘一口が県の、寛永十九年（一六四二）銘の銅造雲盤一面が市の指定文化財。『東慶寺文書』七百七十三通・二十冊は国の重要文化財となっており、小丸家旧蔵『東慶寺縁切文書』一括が鎌倉市指定文化財となり鎌倉国宝館に所蔵されている。

松ヶ岡過去帳《まつがおかかこちょう》　東慶寺の歴代住持とその縁者の過去帳。編者は不明。一巻。正しくは『相州鎌倉松岡過去帳』といい、松岡は東慶寺の山号で、内題には「東慶寺代々記」とある。過去帳中もっとも没年の新しい二十一世永山の宝永四年（一七〇七）六月六日以降、本書のことがみえる『鎌倉攬勝考』の編纂された文政十二年（一八二九）八月以前の成立と考えられる。本書の前半は歴代住持の過去帳で、開山潮音院覚山志道より二十一世永山までが列記され、このうち五世、十七世―二十一世の六人には註記がある。後半は順不同に三十九名（足利義氏が重複しており、実質は三十八名）の命日と法号を記載するが、東慶寺の開基北条貞時、開山覚山志道の夫北条時宗をはじめ、足利尊氏から義昭までの歴代将軍（十四代義栄を除く）、鎌倉公方・古河公方の足利氏、古河公方の支流喜連川氏、豊臣秀頼ら、多くは歴代住持の俗縁者にあたる。刊本として『群書類従』雑部に収められている。

参考文献　『群書解題』二〇、『鎌倉市史』社寺編

（福田　行慈）

松ヶ岡文庫《まつがおかぶんこ》　山ノ内一三七五に所在。禅籍を中心に広く仏教関係の和漢書・外国書を収蔵し、その中の古典には重要文化財に指定されている貴重書がある。昭和十六年（一九四一）三月建設着工、同十九年三月第一期工事完成、同二十年十二月財団法人設立認可。創立者鈴木大拙（本名貞太郎）、初代理事長・文

庫長となる。大拙は早くから鎌倉円覚寺楞伽窟釈宗演に参禅、文庫創設にあたり、その法恩のためにこれを楞伽文庫とすべく念願したが、法人化にあたり、個人名より公的名称が望ましいとの関係機関よりの示唆があり、楞伽窟の塔所である地名の松ヶ岡をとって文庫名となした。大拙の多年にわたる在外生活のなかに蒐集された英文の宗教・哲学の関係図書は尨大な数に及ぶが、帰国後に蒐集された和漢書もこれまた多い。これに石井積翠軒文庫(元日本勧業銀行総裁石井光雄の蒐書)の蔵書の大半を加えて、和漢書の充実を期した。柳宗悦、R・H・ブライスらからの寄贈をさらに加える。アメリカ・ヨーロッパからの図書閲覧者も年々に増す。創立者が期した東西思想交流の一拠点をもまたなす。

参考文献 古田紹欽「松ヶ岡文庫の建つまで」(『鈴木大拙全集月報』三〇)

(古田　紹欽)

白山神社

はくさんじんじゃ

今泉三丁目一三—二〇に鎮座。祭神は菊理姫之命《くくりひめのみこと》。今泉の鎮守で、旧村社。勧請年月日は未詳だが、社伝によれば、建久元年(一一九〇)に源頼朝が上洛した際に、鞍馬寺から一木造の兜跋毘沙門天《とばつびしゃもんてん》立像一軀(神奈川県指定文化財)を請来《しょうらい》し、翌年毘沙門堂を建立したのがはじまりという。ほかに毘沙門天立像・吉祥天女・善《ぜん》膩師童子《じしどうじ》三軀一具(鎌倉市指定文化財)がある。以前は今泉寺の管理下にあった。本殿・拝殿・倉庫などがある。境内の寛文十二年(一六七二)銘の庚申塔が市の文化財となっている。享禄五年(一五三二)九月再建棟札の写が残る。元禄九年(一六九六)・宝永年間(一七〇四—一一)に再建されたことが知られ、安永三年(一七七四)十月と慶応二年(一八六六)正月の毘沙門堂屋根葺替の銘札がある。例祭は九月十八日以降の日曜日。一月八日には大注連祭が行われる。

白山神社

明月院

めいげついん

山ノ内一八九に所在。もと禅興寺の塔頭《たっちゅう》。現在は臨済宗建長寺派。鎌倉三十三観音霊場第三十番札所。永徳三年(一三八三)ころの創建。『新編鎌倉志』によれば、開基は山内上杉氏の祖である上杉憲方(一三三五—九四)、開山は密室守厳《みっしつしゅごん》。寺伝によれば、山内首藤経俊を開基、上杉憲方を中興開基とする。もと明月庵と称していたが、憲方の法名明月院天樹道合にちなんで明月院とされたらしい。禅興寺は明治初年に廃絶するが、塔頭の明月院だけが残り、存続した。現在明月院境内一帯は国の指定史跡となっている。境内には多くのアジサイが植えられ、あじさい寺の通称で親しまれる。文化財として、国の重要文化財に指定された自賛の「紙本著色玉隠和尚像」一幅、木造上杉重房坐像一軀

明月院

方　丈

開山堂

北条時頼墓

やぐら

がある。そのほか塑造北条時頼坐像一軀が神奈川県の、木造聖観音菩薩坐像一軀、「絹本著色中峰和尚像」一幅、「紙本著色指月和尚像」一幅が鎌倉市の指定文化財となっている。工芸品として木造漆塗明月膳・椀五具も市の指定文化財。「紙本淡彩明月院絵図」には足利氏満(一三五九—九八)の花押がみえ国の重要文化財に指定され、『明月院文書』十八通は市指定文化財となっており、『鎌倉市史』史料編三に収録されている。絵図の成立は氏満の没年以前、かつ図中に「明月庵」とみえるのでその改称以前ということになる。現在の境内には北条時頼廟所があり、脇に時頼墓がある。開山堂近くの明月院やぐらには、上杉憲方の墓と伝えられる宝篋印塔がある。　↓禅興寺《ぜんこうじ》

参考文献　『鎌倉の古絵図』一(『鎌倉国宝館図録』一五)

薬王寺

やくおうじ

扇ガ谷三丁目五—一に所在する日蓮宗寺院。山号は大乗山。本尊は薬師如来像。広島県国前寺の末寺。開山は日像で、中興開山は日達。『新編鎌倉志』によれば、本寺は梅立寺《ばいりゅうじ》とみえ寛永年間(一六二四—四四)に日蓮宗不受不施派の僧により創建されたが、迫害を恐れて新義の悲田と号して、薬王寺と称したという。当地には草創以前に真言宗の夜光山梅嶺寺という寺があったともいう。徳川家光の弟である駿河大納言忠長の妻が、自刃した夫のために当寺に供養塔を建立し、寄進を行うなど、徳川家との関係が深く、寺紋にも三葉葵を用いた。その後衰微し、文政年間(一八一八—三〇)に日寿が再興したが、その後明治時代末期まで無住の状態が続いた。本堂・庫裡などがある。元徳四年(一三三

薬王寺本堂

二)銘をもつ板碑と石造供養塔がともに鎌倉市の指定文化財となっている。

八雲神社

やくもじんじゃ

山ノ内五八五に鎮座。祭神は素盞嗚命《すさのおのみこと》。山ノ内の鎮守で、旧村社。牛頭《ごず》天王社《てんのうしゃ》とも称した。勧請年月は未詳だが、社伝によれば、文明年間(一四六九―八七)関東管領上杉憲房が祇園大神を勧請したと伝える。本社の地は元仁元年(一二二四)十二月の四角四境祭の斎場跡とも伝える。天保年間(一八三〇―四四)には雪ノ下に住む神主鈴木主馬が管理していた(『新編相模国風土記稿』)。現在の社殿は円覚寺を筆頭に近隣の寺院などの寄付を受け弘化三年(一八四六)九月二日に再建がなったもの。本殿・拝殿・本社・倉庫などがある。例祭は七月十五日。『新編相模国風土記稿』には、祭礼の日に山崎の八雲神社の神輿が出張し、その供奉の体裁で町内を巡幸するとみえる。境内には鎌倉市指定文化財で寛文五年（一六六五）銘の庚申塔がある。そのほか市の文化財として面と衣裳二十四点が所蔵されている。

八　雲　神　社

■八坂大神■

やさかだいじん

扇ガ谷一丁目一三—四五に鎮座。祭神は素戔雄命《すさのおのみこと》・桓武天皇・葛原親王《かずらわらしんのう》・高望王《たかもちおう》。扇ヶ谷の鎮守で、旧村社。

八　坂　大　神

社伝によれば、建久三年(一一九二)に相馬次郎師常《そうまじろうもろつね》が自分の屋敷に勧請し相馬天王と称したが、明治二年(一八六九)五月に八坂大神と改称したという。当初の位置は現在地の少し南の巽《たつみ》神社近くにあり、その後北の泉ヶ谷の網引地蔵山の西の麓の窟にまつられるようになり、それを寿福寺本堂脇に移転させた。その百年余り後の享和元年(一八〇一)に現在地の寿福寺門脇に遷座した。本殿・末社子神社・社務所などがある。境外末社として西佐助の銭洗弁財天がある。本社の祭礼は七月十二日。

↓銭洗弁財天《ぜにあらいべんざいてん》

材木座から長谷周辺

七里ヶ浜から見た稲村ヶ崎

甘縄神明神社

あまなわしんめいじんじゃ

長谷一丁目一二—一に鎮座。祭神は天照大神を主神とし倉稲魂命《うがのみたまのみこと》・伊邪那美命《いざなみのみこと》・武甕槌尊《たけみかずちのみこと》・菅原道真をまつる。長谷の鎮守で旧村社。勧請年月日は未詳。もと神明社・神明宮を称していたが、昭和七年（一九三二）に現社名に改称された。この地に神明宮があったのは、伊勢神宮の大庭御厨の一部が存したことによると考えられる。正徳二年（一七一二）の神社縁起略の書写によれば行基の草創になり、のち源頼義が東国下向の際に本社に祈って八幡太郎義家が生まれたと伝える。『吾妻鏡』には、文治二年（一一八六）正月二日に頼朝と政子の夫妻で甘縄神明宮に参詣したほか、建久五年（一一九四）六月二十六日・閏八月二十二日には頼朝が甘縄宮（伊勢別宮）に参り、両日とも帰りに安達盛長屋敷に行ったとみえる。文治二年十月には盛長の監督のもと宝殿の修理を終え、荒垣と鳥居が完成し、頼朝が参詣したことがみえるなど幕府初期の手厚い保護の様子が知られる。鎌倉幕府重臣であった安達盛長は源頼朝の挙兵以前から仕え、盛長以後の安達氏の屋敷が代々甘縄に存した。現在の社前は盛長の屋敷跡と伝えられ、社前に大正十四年（一九二五）に鎌倉青年団が建立した「足達《ママ》盛長邸址」の碑があり、神社に隣接していたと伝えられてきたが、近年では安達亭は鎌倉市役所の北側の無量寺谷一帯（今小路西遺跡）にあったことが明らかになっている。『新編相模国風土記稿』によれば、明治初年の神仏分離までは別当甘縄院が存したが、以後寺は廃され、明治二十年（一八八七）五月二十五日には長谷寺の鎮守の五社明神を合祀している。境内には本殿・拝殿・摂社などがあり、天保九年（一八三八）九月建立の本殿と拝殿は、大正十二年の関東大震災により被害を受け昭和十二年に新造された。宝永六年（一七〇九)銘の社号の石碑、享保十五年(一七三〇)銘の石燈籠がある。例祭は九月十四日。

甘縄神明神社

■延命寺■

えんめいじ

材木座一丁目一―三に所在する浄土宗寺院。山号は帰命山。もと安養院の末寺。本尊は阿弥陀如来、ほかに北条時頼夫人の念持仏と伝える地蔵菩薩立像があり、ともに運慶作と伝える。開山は、専蓮社昌誉《しょうよ》能公《のうこう》。鎌倉三十三観音霊場第十一番札所。『新編鎌倉志』などによれば、地蔵は身代地蔵(裸地蔵)と称され、女陰を持つ裸形像で服を着せ厨子に収めるという。あるいは「(時頼)夫人此仏徳にて無実の難を遁れし事あり故に身代の称呼起れりと云々」とみえる。寺地は大町大路と滑川に面し、滑川に架かる橋を延命寺橋という。そのすぐ先の下馬の交差点で若宮大路と交わる。『吾妻鏡』にみえる下の下馬橋の地で、下馬の標示があったといい、神聖な空間に入る手前の繁華の土地であったと考えられる。寺伝によれば、赤穂四十七士の一人岡島八十右衛門の三男が住持だったことがあり、遺品があったという。また、享保十三年(一七二八)銘の小鐘が蔵されていたともいう。本堂・庫裡がある。

延命寺本堂

■九品寺■《くほんじ》

材木座五丁目一三―一四に所在する浄土宗寺院。山号は内裏山、院号は霊嶽院。本尊は阿弥陀三尊像。もと光明寺の末寺。鎌倉三十三観音霊場第十六番札所。寺伝によれば、草創は新田義貞、開山は風航順西(?―一三四一)。元弘の乱の際に当地に本陣を構えた新田義貞が、乱が終ったのちの建武三年(一三三六)に、敵方であった北条氏側の戦死者を弔うために建立したとされる。山門と本堂に掲げられている額の題字(「内裏山」「九品寺」)は、義貞の直筆を写したものという。中興開山は二十一世鏡誉岌故、二十五世台誉卓弁、三十二世楽誉浄阿良澄と伝える。本堂・庫裡・山門が存するが、大正十二年(一九二三)の関東大震災で全壊し、その後の再建である。永仁四年(一二九六)銘のある石

九品寺本堂(右)と扁額(左)

造薬師如来坐像が神奈川県の、木造阿弥陀如来立像が鎌倉市の指定文化財となっている。

熊野新宮

くまのしんぐう

極楽寺二丁目三―一に鎮座。極楽寺の鎮守で、旧村社。以前は新宮社と称していた。祭神は、日本武尊・速玉《はやたまの》男命《おのみこと》・素盞嗚命《すさのおのみこと》・建御名方命《たけみなかたのみこと》の四神。もと極楽寺の境内社で、極楽寺所蔵の「極楽寺境内絵図」二幅には「熊野新宮」の名がみえる。『忍性菩薩行状略頌』には「文永六年（一二六九）、新宮草創」、永仁六年（一二九八）に火災焼失、正安二年（一三〇〇）二月二十三日に新宮社を勧請したとみえる。その後、建武二年（一三三五）二月十四日右馬允政季打渡状によれば足利直義《あしかがただよし》が極楽寺僧を通して新宮社に武蔵国足立郡箕田郷内の岩佐七郎知行地（今富西方村）を寄進したことが知られる（『極楽寺文書』）。関東大震災で倒壊した八雲神社と諏訪明神を昭和三年（一九二八）に合祀した。例祭は九月九日。

熊　野　新　宮

啓　運　寺

けいうんじ

材木座三丁目一―二〇所在の日蓮宗寺院。山号は松光山。もと京都本圀寺の末寺で、開山は日澄（一四四一

啓　運　寺　本　堂

—一五一〇)。本尊は三宝祖師。日澄は、通称を一如房、字を啓運といい、啓運寺の寺名は字をもととした。日蓮宗の学僧で本圀寺で出家し、鎌倉妙法寺に隠居し、著述に力を注ぎ、『法華啓運抄』『日蓮聖人註画讃』などが知られる。寺地はもと大町四丁目(妙法寺の位置)であったが、材木座二丁目の長勝寺蔵『長勝寺過去帳』によれば、寛文九年(一六六九)に妙法寺と寺地を交換して現在地に移転したという。本堂・庫裡がある。海難を防ぐと伝えられる舟守稲荷もまつられている。洋画家の黒田清輝が本堂をアトリエにしたことがあり、日蓮の辻説法を描いた作品もあるという。

光則寺
こうそくじ

長谷三丁目九—七に所在する日蓮宗寺院。山号は行時山。もと妙本寺末。開山は日朗、開基は宿屋《しゅくや》(宿谷、また「やどや」とも)光則《みつのり》。本尊は十界曼荼羅。寺伝によれば、光則は北条氏の被官で、その父の名を行時といい、自邸を寺として山号・寺号はこれによったという。日蓮が『立正安国論』を著し、文応元年(一二六〇)七月に時の執権北条時頼に提出する際にその仲

光則寺山門

日朗幽閉の土牢

介を光則がとった。文永八年(一二七一)の日蓮の佐渡配流の際には、弟子の日朗らを光則が預かり、自邸の後山の土牢に入れたといい、のち入信し自邸を寺とした。江戸時代、古田重恒の室、大梅院常学日通(日進とする説もある)により再興され、大梅寺ともいわれる(『新編鎌倉志』)。関東大震災で被害を受け修理された現本堂は棟札銘から慶安三年(一六五〇)の建立とわかる。本寺には江戸時代後期の様子を描く「紙本着色光則寺境内図」がある。境内を鳥瞰する図で、門前を走る江島道・大仏道・鶴岡八幡通・大仏坂藤沢道と記す街道の町並みをはじめ中門・客殿・庫裡・書院などもしっかり描かれ、奥行きのある境内を示している。

現在の境内に、日朗が幽閉されたと伝える土牢があり、その傍らには日蓮が日朗に宛てて送ったという「土籠御書」の碑が建てられている。木造著色日朗上人坐像が鎌倉市指定文化財となっている。また、境内のカイドウは市の天然記念物。春と秋の彼岸明けの日に動物慰霊祭が催される。

参考文献 『鎌倉の古絵図』二(『鎌倉国宝館図録』一六)

高徳院《こうとくいん》

長谷四丁目二―二八にある浄土宗鎮西義の寺。山号は大異山、のち獅子吼山、寺号を清浄泉寺という。鎌倉三十三観音霊場第二十三番札所。俗にいう鎌倉の大仏(長谷の大仏)の別当寺。鎌倉幕府の下知のもとに、浄光が勧進聖となり、暦仁元年(一二三八)大仏殿の事始が行われ、寛元元年(一二四三)に落慶供養の法会があった。ついで建長四年(一二五二)木像に代えて、金銅の大仏(阿弥陀如来像)の鋳造を始めた。大仏殿はのち建武二年(一三三五)の大風、応安二年(一三六九)の大風、明応七年(一四九八)の津浪で倒壊したと伝え、室町時代の末までに、大仏は露坐となった。高徳院は、はじめ真言宗とされ、真言律の忍性が住持したこともあり、南北朝時代には、臨済宗建長寺の持分となったが、江戸時代の中ごろ、浄土宗鎮西義の僧明蓮社顕誉祐天が中興し、浄土宗に改められた。鎌倉大仏殿跡は国の指定史跡となっている。「絹本墨画地蔵菩薩像」が鎌倉市指定文化財となっている。

(菊地勇次郎)

参考文献 『鎌倉市史』社寺編

阿弥陀如来像《あみだにょらいぞう》 奈良大仏に対して鎌倉大仏と通称される。『吾妻鏡』建長四年(一二五二)八月十七日条に、深沢の里(現在地)に金銅八丈の釈迦如来像の鋳造が始められたことを記すが、これが現存の本像をさすものと考えられる。これに先立ち、暦仁元年(一二三八)から寛元元年(一二四三)にかけて、遠州の僧浄(定)光の発願で、同じ深沢の里に八丈の木造阿弥陀坐像が造られたことが『吾妻鏡』『東関紀行』などにみえるが、これを現存像の鋳造原型とみる説もある。いずれにせよ、奈良大仏のような国家的事業の成果ではなく、長期間を費やして成った一念仏聖の悲願の結晶である点に本像造像の特色がある。鋳造は、体

高徳院阿弥陀如来像

部七段、頭部五〜六段に分け、下から順次巧妙に鋳継がれ、形制・鋳技もすぐれたもので、十三世紀中葉ごろのわが国の造像を代表する記念的作品といえる。像高一一・四メートル。国宝。

参考文献　『高徳院国宝銅造阿弥陀如来坐像修理工事報告書』、西川新次「鎌倉大仏調査私記」(『鎌倉』三)、田沢坦「鎌倉大仏に関する史料集成稿」(『美術研究』二一七)

(西川杏太郎)

向福寺　こうふくじ

材木座三丁目一五―一三に所在する時宗寺院。山号は円竜山。藤沢市の清浄光寺《しょうじょうこうじ》の末寺で、開山は音阿一向。本尊は阿弥陀如来像。鎌倉三十三観音霊場十五番札所。音阿は近くの来迎寺の開山でもあり、応永三十三年(一四二六)没と伝えるので創建もそのころのこととなろう。かつて文政九年(一八二六)に再建の本堂があったが、大正十二年(一九二三)の関東大震災で倒壊し、昭和五年(一九三〇)に建立された。本尊の木造阿弥陀如来及び両脇侍菩薩立像三軀は、鎌倉市指定文化財。

向福寺本堂

光明寺

こうみょうじ

材木座六丁目一七―一九にある浄土宗鎮西義六派の本山。山号は天照山、院号は蓮華院。鎌倉三十三観音霊場第十八番札所。寛元元年(一二四三)鎮西義の三祖然《ねん》阿《あ》良忠《りょうちゅう》は、鎌倉幕府執権北条経時に帰依され、鎌倉の佐介谷に蓮華寺を建立し、のち光明寺と改め、方丈を蓮華院と名づけた。良忠は、さらに北条時頼以下の外護も受けて、この寺を中心に布教し、その弟子で二世の寂慧良暁は、白旗流の祖で、のちに同派が鎮西義の中核となる基をつくった。八世の長蓮社観誉祐崇は、明応四年(一四九五)禁中で浄土三部経や引声念仏を修誦し、関東六派の総本山の号と勅願所の綸旨を下され、永く十夜法要を行うことも勅許された。こうして光明寺は、東国における浄土宗の檀林として栄え、天文元

光明寺

総　門

鐘　楼

山　門

大　殿

年(一五三二)に小田原の北条氏は、相模国三浦郡の一向門徒がこの寺の檀徒となるように下知し、天正十九年(一五九一)に徳川家康は、門前永十貫の地を寄進するなど、時々の支配者の外護も厚く、のち家康が、関東十八檀林の第一とするだけの由緒が積まれていった。江戸時代には、三浦郡柏原で、百石の朱印地を与えられ、日向国延岡の城主内藤義概は、位牌堂と石塔を江戸の霊巌寺から移し、万治二年(一六五九)までには二百石を寄進するなど、旗本・御家人の檀家も多かった。なお現地に移った年代は明らかでない。十月十二日より十五日までお十夜行事がある。国宝の『当麻《たいま》曼荼羅縁起』、重要文化財の『浄土五祖絵伝』「当麻曼荼羅図」「十八羅漢及僧像」「浄土五祖絵」、そのほか南岳大師竹布九条袈裟などを所蔵する。

参考文献 摂門『檀林鎌倉光明寺志』(『浄土宗全書』一九)、『鎌倉市史』社寺編

(菊地勇次郎)

光明寺の文化財

元禄十一年(一六九八)五月銘の棟札を伴う光明寺本堂は、桁行九間梁間十一間、入母屋造で近世期鎌倉の仏殿のなかで最大の規模を持ち、国の重要文化財となっている。山門は神奈川県の、総門は鎌倉市の指定文化財となっている。境内には、江戸時代初期に江戸霊巌寺から位牌堂とども移された日向延岡藩・陸奥湯長谷藩内藤家の墓所があり、市の指定史跡となっている。ほかに明徳五年(一三九四)銘の石造五輪塔が市の指定文化財。なお、境内のクロガネモチは市の天然記念物。

古文書・絵画史料としては、『紙本著色当麻曼荼羅縁起』二巻が国宝に、「絹本著色当麻曼荼羅図」一幅、嘉元三年(一三〇五)の奥書を有する『紙本著色浄土五祖絵伝』と同書善導巻の都合二巻、「絹本著色十八羅漢及僧像」十九幅がともに国の重要文化財に指定されている。ほかに「絹本著色聖衆来迎図」、享保五年(一七二〇)ころの境内と周辺の様子を伝える「光明寺境

内絵図」、『光明寺文書』が鎌倉市指定文化財となっている。文書は鎌倉時代から近世初期までの二十五通が所蔵され、『鎌倉市史』史料編四に翻刻されている。

彫刻としては、阿弥陀如来及び両脇侍立像三軀が神奈川県の、木造如意輪観音坐像一軀、木造光明寺世代像九軀、石造地蔵菩薩坐像一軀が鎌倉市の指定文化財となっている。

参考文献 『鎌倉の古絵図』一(『鎌倉国宝館図録』一五)

■極楽寺■ ごくらくじ

極楽寺三丁目六—七にある寺院。真言律宗、奈良西大寺末。霊鷲山感応院極楽寺と号す。鎌倉三十三観音霊場第二十二番札所。もと深沢の里または藤沢にあったという念仏の寺を、北条重時が正元元年(一二五九)現在の地に移してから漸次寺観が整備されたと伝える。縁起ではこの地(地獄谷)の選定に、西大寺叡尊の高弟忍性(良観房)が重時の相談に預かって移建再興、のちその子長時・業時の兄弟が協力して完成したという。しかし草創期の経緯は確たる史料を欠くため必ずしも詳らかではない。『吾妻鏡』によると弘長元年(一二六一)四月、重時はこの新造の山荘に将軍宗尊親王を招き笠懸を催した。そのころまでには一応の別業としての形態が整えられたことは確かである。また重時の信仰は念仏にあって、没後の三回忌には浄土宗西山派証空門下の宗観が導師を勤めているので、当初は浄土系の寺であったのであろう。したがって極楽寺が西大寺流の真言律となったのは、文永四年(一二六七)忍性が当寺に常住してからである。これを機に飛躍的に発展。建治元年(一二七五)三月、火災に罹ったが忍性はよくこれを復興、仏典の開版も行なった。盛時の寺域には七堂伽藍をはじめ四十九院・十二社を具備したすこぶる規模宏大な寺院であったといわれる。その有様を伝える現存の伽藍古図には多くの建物が描かれ、その内には病宿・癩宿・薬湯室・療病院・坂下馬病屋など救療施設の名もみえ、忍性の救療活動を髣髴とさせる。

極楽寺山門

忍性墓五輪塔

弘安四年(一二八一)再度の蒙古襲来時、忍性は稲村ヶ崎で護国の法を修し極楽寺は御願寺となり、同十年には執権北条時宗の意を帯し桑ヶ谷に療病所を設けるなど、その社会的発展はめざましい。日蓮が忍性の土木事業など行動の矛盾をつき法敵として特に執拗に指弾してやまなかったのは教学的立場の違いはもとより、みずから望んでかち得なかった幕府の被護のもと忍性一門の活動がきわだって顕著だったからにほかならない。正和四年(一三一五)忍性十三回忌には十三重塔が建てられ、元亨元年(一三二一)には三代長老善願房順忍の時、また焼失した金堂の再建がはかられたが、かつての盛況も忍性なきのちには次第に衰えた。至難な戒律を旨とする教学は人々の心を捉え得ず、さらに政権の交替はよるべき有力な資縁者を失わせ、加えてたび重なる回禄や天災はその衰微を決定づけ、全く昔日の面影を失わせるに至った。それでも後醍醐天皇の勅願所として寺領が安堵されて以後、歴代権力によって保護され、天正十九年(一五九一)には徳川家康から寺領九貫五百文の朱印を与えられ近世に及んだ。寛永十年(一六三三)沢庵宗彭がここを訪れたころには、彼の期待に反し、「仏は臂おちみくしかたふき、堂はいらかやぶれ、むな木たたおみ」というごとき有様であった。明暦・万治ころ、二代前の性善につぐ中興として恵性殊公が、またのち真山敝盈などが再興に努めた。現在では関東大震災で罹災したこともあって、かつての寺域は狭小となり、文久三年(一八六三)再建と伝える山門や本堂・大師堂・客殿・庫裡をみるにすぎない。寺宝として、重要文化財指定の釈迦如来立像・同坐像・十大弟子立像・不動明王坐像(以上木造)および金銅製の密教法具のほか、忍性・叡尊・恵性などの坐像や古文書を蔵し、また裏山中腹にそびえ立つ三基の墓石、忍性、伝重時、忍公塔(順忍・比丘尼禅忍ほか合葬墓)はかなり大きなもので、なかでも重要文化財指定の五輪の巨大な忍性塔は四メートルに近く、これらが往時の極楽寺をしのばせている。なお、その他、文保元年(一三一七)銘のある宝篋印塔など中世後期の石塔が旧寺域周辺に点在する。

[参考文献]『吾妻鏡』、『極楽律寺要文録』、『極楽寺略縁起』、『新編鎌倉志』(『大日本地誌大系』)、『鎌倉市史』史料編三・社寺・考古編、沢庵宗彭『鎌倉巡礼記』、和島芳男『叡尊・忍性』(『人物叢書』三〇)、三山進『極楽寺』(『美術文化シリーズ』一一四)、中村元「悩める人々への奉仕」(『日本歴史』二〇・二一)、吉田文夫「忍性の社会事業について」(『日本名僧論集』五所収)、和島芳男「忍性菩薩伝」(同所収)、桃裕行「極楽寺多宝塔供養願文と極楽寺版瑜伽戒本」(『金沢文庫研究』六一・六二)、田中敏子「極楽寺五輪塔復旧始末記」(『鎌倉』七)

(吉田　文夫)

極楽寺の文化財　忍性塔は石造五輪塔で昭和九年(一九三四)一月三十日に国の重要文化財に指定されるとともに、境内と併せて国指定史跡となっている。忍性は嘉元元年(一三〇三)七月十二日に極楽寺で没したが、遺骨は極楽寺と大和の額安寺と竹林寺に分骨した。ほかに延慶三年(一三一〇)八月五日銘の石造五輪塔も昭和二十八年八月二十九日に国の重要文化財に指定されている。順忍塔と呼ばれる石造五輪塔と寛文十一年(一六七一)銘の庚申塔が鎌倉市指定文化財となっている。忍性塔納置品のほか銅骨蔵器・金銅五輪塔・褐釉小壺など考古資料が国の重要文化財となっている。彫刻の木造釈迦如来立像一軀、木造釈迦如来坐像一軀、木造不動明王坐像一軀、木造十大弟子立像十軀が国の重要文化財に、木造思円房叡尊(興正菩薩)坐像一軀、木造良観房忍性(菩薩)坐像一軀、木造文殊菩薩像一軀は鎌倉市指定文化財となっている。建長七年(一二五五)九月銘の金銅密教法具三口は国の重要文化財になっている。そのほか本寺には市の指定文化財となっている「紙本著色極楽寺境内図」二幅が伝えられている。一図には極楽寺坂切通から橋を渡り境内に入る「二王門」と注記された門のほか通常の堂宇とともに極楽寺に特徴的な病宿・施薬悲田院・馬病屋・薬湯療などもみえ、盛時の寺の様子を描き、成立を室町時代としているが、書写の年代についてはほかの説もある。四月七―九日が特別拝観の期間となっている。八月下旬から九月上旬のサルスベリの名所としても知られる。

参考文献　『鎌倉の古絵図』一(『鎌倉国宝館図録』一五)

五所神社　ごしょじんじゃ

材木座二丁目九―一に鎮座。祭神は、大山祇命《おおやまずみのみこと》・天照《あまてらす》大御神《おおみかみ》・素盞鳴尊《すさのおのみこと》・建御名方命《たけみなかたのみこと》・崇徳《すとく》院霊の五神。旧村社。乱橋材木座の鎮守だが、明治四十一年(一九〇八)七月の乱橋村と材木座村の合併に伴い、乱橋村鎮

弘長２年銘板碑

五　所　神　社

守三島神社、材木座鎮守諏訪神社、乱橋村能蔵寺の八雲神社、金比羅宮、材木座村中島の見目《みるめ》明神の五社が合わさり、同十一月には現社名となった。各神社の勧請年月の詳細は不明。本殿は、明治十六年七月建立の諏訪神社を五社合併後に移築したが、大正十二年(一九二三)の関東大震災の山崩れにより埋没・倒壊したため、昭和六年(一九三一)七月に新造された。境内には弘長二年(一二六二)銘で不動明王の種字を中央に大きく刻する保存状態の良い鎌倉時代の板碑があり、かつて重要美術品に認定され、現在は鎌倉市の指定文化財となっている。不動信仰を示す鎌倉地方唯一の板碑という。また、寛文十二年(一六七二)銘の庚申塔は鎌倉市の有形民俗文化財。例祭は、もと七月七日で、現在は六月第二日曜日に行われる。一月十一日には潮神楽が行われる。

御霊神社

ごりょうじんじゃ

坂ノ下四丁目九に鎮座。祭神は、鎌倉権五郎景政《かまくらごんごろうかげまさ》。勧進年月日は未詳。坂ノ下の鎮守で、旧村社。もと近くの極楽寺坂切通に所在する成就院の管理下にあった。『吾妻鏡』建久五年(一一九四)正月四日条に幕府の使いとして八田知家《はったともいえ》が甘縄宮と御霊社へ奉幣に参り、同十一月二十一日条に御霊社の前浜で小笠懸《こかさがけ》が催された際に和田義盛が奉行したという本社に関わる記事がみえる。このほか御霊社に関して『吾妻鏡』には文治元年(一一八五)八月二十七日条には御霊社が地震のごとく鳴動し、大庭景能《おおばかげよし》が源頼朝に報告し頼朝自身が参詣のうえ願文を奉納し、御神楽が行われたこと、建保三年(一二一五)六月二十日条に夜分に再三の鳴動があったこと、建長四年(一二五二)十一月十七日条に前浜で七瀬《ななせ》の祓《はらえ》が行われたことなどの記事がみえ、御霊社は鎌倉時代以前にすでに崇敬されていたことが知られる。景政は、桓武平氏高望王六代の子孫で、父景成が相模国鎌倉郡を領し、鎌倉氏を名乗った。武勇で知られ、

御　霊　神　社

後三年合戦の際に敵に目を射られ、帰陣後味方が矢を抜くためにわらじのまま顔を踏んだことに対し、その恥辱をそそがんがために味方に斬りかかり、改めて膝で押さえて矢を抜いてもらったという話が残されている。本殿・幣殿・覆殿、無格社石上《いしかみ》神社や地神社・金刀比羅社・秋葉社・祖霊社の四末社、神輿庫などがある。社殿は宝暦三年(一七五三)・安永九年(一七八〇)銘の棟札があり、安永期に建立されたことが知られ、明治四十五年(一九一二)の改築を経、大正十二年(一九二三)の関東大震災では倒壊を免れた。境内には、鎌倉市の有形民俗文化財となっている延宝元年(一六七三)銘、文政八年(一八二五)銘の庚申塔二基があり、そのほか元禄十三年(一七〇〇)銘手洗鉢、寛政五年(一七九三)銘と文政七年銘の石燈籠、嘉永三年(一八五〇)銘の石造鳥居がある。九月十八日に行われる「御霊神社の面掛行列」が神奈川県の無形民俗文化財に指定され、その面と衣装四十五点は鎌倉市の有形民俗文化財の指定を受けている。面掛行列では十人衆と呼ばれる「爺」「異形」「鬼」「阿亀《おかめ》」などの面をつけて街を練り歩く。腹の大きな阿亀は妊婦の姿を模しており、豊作・豊漁祈願が込められている。境内のタブノキは市の天然記念物となっている。

実相寺　じっそうじ

材木座四丁目三―一三に所在する日蓮宗寺院。山号は弘延山。本尊は一尊四士。開山は日昭。寺地は、日蓮宗の本山の一つである、日昭を開山とする静岡県三島市玉沢の妙法華寺が現在地に移転する前の所在地であったところで、曾我兄弟に富士の巻狩りの際に暗殺された工藤祐経《くどうすけつね》の屋敷跡と伝える。日昭は工藤祐経の孫にあたり、日蓮の高弟六老僧中の上首として重きをなし日昭門流の祖となり、鎌倉浜土《はまど》の法華寺、大町の妙

実相寺本堂

法寺を拠点として日蓮没後の日蓮宗発展に力があった。浜土の法華寺は当寺の前身とされる。本堂・庫裡・山門などがあり、境内墓地には日昭の墓が残る。木造日蓮上人坐像、木造日昭上人坐像、木造三日月大月天子立像などを所蔵している。

収玄寺　しゅうげんじ

長谷二丁目一五―一二に所在する日蓮宗寺院。山号は四条山。もと近くの光則寺の末寺。本尊は日蓮と四条金吾夫妻。金吾夫妻像は天保元年(一八三〇)の像立。寺地は、四条金吾(頼基)の宅地跡とされ、東郷平八郎筆の「四条金吾邸址」の石碑が境内に建てられている。開山である妙詣尼によって建立された収玄庵という堂があったのを大正十二年(一九二三)に光則寺第三十一世の日慈が本堂を再建し、第二次世界大戦後に寺としての体裁を整えた。頼基は北条氏一門の江馬氏の被官で、信仰的には日蓮に深く帰依し、主家の真言律宗と異なり日蓮の竜ノ口法難の際には危機を迎えたが、主家との信頼関係により事なきを得ている。本堂・門などがある。

収玄寺本堂

成就院

じょうじゅいん

極楽寺一丁目一—五に所在する古義真言宗寺院。山号は普明山、寺号は法立寺。もと手広の青蓮寺の末寺だったが、現在は京都大覚寺の末寺となっている。本尊は不動明王像。鎌倉三十三観音霊場第二十一番札所。寺伝によれば、開基は執権北条泰時で、承久元年(一二一九)十一月二十一日に創建という。寺地は、空海が護摩供を行なったところと伝える。鎌倉幕府が倒れた元弘の乱に際し寺地を蹂躙され、ほかの土地に移っていたが、元禄年間(一六八八—一七〇四)に極楽寺坂切通中途南側の現在地に戻って再興されたという。境内には本堂・庫裡・山門などがあり、六月中旬のアジサイ、九月下旬のシラハギが知られる。石造宝塔が鎌倉市の指定文化財となっている。境内の外に虚空蔵堂があり、奈良時代に行基によって彫られたという虚空蔵菩薩を本尊としている。

成　就　院

崇寿寺　すうじゅじ

材木座四丁目に所在したが、廃絶。「そうじゅじ」ともいう。臨済宗寺院。山号金剛山。開山南山士雲、開基北条高時として元亨元年(一三二一)創建。諸山に列した。寺史は未詳だが、元亨三年の北条貞時十三年忌に当寺僧十三名が出席している。二世乾峰士曇の入寺のころには、山門・仏殿・祠堂・祖師堂などが整っていた。寺領は相模国毛利荘厚木郷・駿河国葉梨荘上郷にあった。廃絶年は未詳。

(三浦　勝男)

千手院　せんじゅいん

材木座六丁目一二—八に所在する浄土宗寺院。専修院

千　手　院　山　門

とも称したらしい(『新編鎌倉志』)。本尊は千手観音像。鎌倉三十三観音霊場第二十番札所。本堂・庫裡・門などがある。もとは、大壇林である光明寺の道場であった。千手観音像は、天文元年(一五三二)恢誉《かいよ》上人により守護仏としてもたらされたと伝えられる。明治初年には寺子屋として用いられ、境内には松尾芭蕉の句が刻まれた記念碑がある。

長勝寺

ちょうしょうじ

材木座二丁目一二―一七に所在する日蓮宗寺院。山号は石井山。開山は日蓮。本尊は日蓮聖人。寺地はもと京都の本圀寺の旧地と伝え、貞和元年(一三四五)に日静(一二九八―一三六九)が寺を再興し長勝寺と称したというが、草創や寺史については未詳。日静は師の日印から鎌倉本勝寺を譲られ、暦応元年(一三三八)に上京し、京都に本勝寺を本国寺と改称して移した。本国寺はのち本圀寺と号して有力寺院となっていった。また、寺伝では石井長勝が日蓮に帰依し長勝寺を創建したという。天正十八年(一五九〇)の豊臣秀吉の小田原城攻めの際に北条氏が同寺の梵鐘を徴発したが、寛永期に住持により再鋳された。長勝寺には同年の秀吉禁制が残っている(『鎌倉市史』史料編三)。境内には、祖師堂・帝釈堂・客殿・尊神堂・竜神堂・石井稲荷社・鐘楼・山門などがある。文化財として、法華堂は昭和四十四年(一九六九)五月二十日に神奈川県指定文化財となっている。そのほか大壇一基、鰐口一口、燭台一対が県の、木造懸盤三枚が市の文化財となっている。

長勝寺日蓮像と帝釈堂

長谷寺《はせでら》

長谷三丁目一一―二に所在する浄土宗寺院。山号は海光山、院号は慈照院。寺名はもと新長谷寺と称した。もと材木座の光明寺の末寺であったが現在は単立の宗教法人となっている。天平八年(七三六)の創建で、開山は徳道、開基は藤原房前《ふじわらのふささき》と伝える。本尊は十一面観音像。九メートルを超える巨像で、同じく一〇メートル超の巨像で知られる奈良長谷寺の十一面観音像と一木から二体を造ったとの伝説がある。坂東三十三観音霊場の第四番

長谷寺

山　門

観音堂

輪　蔵

大黒堂

札所であるとともに、鎌倉三十三観音霊場の第四番札所でもある。草創とされる古代における寺の歴史については不詳で、『相州鎌倉海光山長谷寺事実』(天和二年(一六八二)成立)によれば、鎌倉時代の正治二年(一二〇〇)に幕府の重臣大江広元により再建されたという。ほかに忍性の関与が伝えられるが、年代的な齟齬があるという。建長寺塔頭《たっちゅう》の『宝珠庵文書』中の長谷寺相続次第には歴代住持は禅宗に属する者たちによっていたことがわかる。『長谷寺文書』中の天文十六年(一五四七)十月十二日北条氏康印判状で北条氏の検地後に二貫文が寄進された。ほかに天正十八年(一五九〇)小田原攻めの際に豊臣秀吉禁制が下され、江戸時代には二代将軍徳川秀忠朱印状が所領二貫文を安堵しているが、家綱・吉宗・家重・家治の所領安堵状もある。また近世初期の慶長年間(一五九六—一六一五)に徳川家康が長谷寺を再興したことが『新編鎌倉志』収載の棟札から知られる。正保二年(一六四五)に小浜藩主で老中の酒井忠勝により修復がなされた(同)。寺史に関する最古の史料として文永元年(一二六四)七月十五日銘の新長谷寺の鐘が宝物館に収蔵されており、国の重要文化財となっている。その他文化財としては、『紙本著色長谷寺縁起絵巻』二巻が神奈川県の指定文化財に、弘長二年(一二六二)銘の板碑と、碑面に宝篋印塔を刻し徳治三年(一三〇八)銘を持つ板碑が存し、木造観音三十三応現身立像三十三軀とともに鎌倉市指定文化財となっている。工芸品に国の重要文化財の銅造十一面観音懸仏六面があり、一部に嘉暦元年(一三二六)・元徳三年(一三三一)銘がみられる。ほかに鰐口一口が県の指定文化財。なお『長谷寺文書』は『鎌倉市史』史料編三に収載されている。境内には、観音堂・阿弥陀堂・大黒堂・鐘楼・客殿・庫裡などがあり、最近では水子供養の地蔵が多数奉納されている。行事として灌仏会(四月八日)、四万六千日詣り(八月十日)、歳の市(十二月十八日)が知られる。

補陀洛寺

ふだらくじ

材木座六丁目七―三一に所在する古義真言宗寺院。山号は南向山、院号は帰命院。もと京都仁和寺の末寺で、その後手広の青蓮寺の末寺だったが、現在は京都大覚寺の末寺となっている。開山は文覚《もんがく》上人、源頼朝の開基と伝え、鶴岡八幡宮の供僧頼基が中興した。本尊は十一面観音像。鎌倉三十三観音霊場第十七番札所。もとの本尊は薬師如来像で、前後欠の勧進帳により本寺と頼朝の関係が知られ、また、頼朝の供養を当寺でするることになっていたことを示す文書もある。また『関東古義真言宗本末帳』には補陀洛寺について源頼朝御位牌所、寺内門前屋敷御免ともみえる。『新編鎌倉志』によれば日光・月光菩薩像、不動明王像がある。明治初年の火災で被害にあったが、仏像類が全く無事であったという奇跡の話が残る。大正十二年(一九二三)の関東大震災で全壊したが、翌年春に本堂が再建された。『補陀洛寺文書』として『鎌倉市史』史料編一に五通の文書が収載される。天文二十二年(一五五三)十一月十五日北条氏康印判状で棟別銭の免除をし、年月未詳

補　陀　洛　寺

ながら小田原北条氏より寺内修理料の寄進を受けている。天正十八年(一五九〇)四月、豊臣秀吉は小田原城包囲と時を同じくして本寺宛に禁制を下している。

妙長寺

みょうちょうじ

材木座二丁目七―四一に所在する日蓮宗寺院。山号は海潮山。もと大町妙本寺の末寺。開山は寺伝では日実。本尊は三宝祖師像。日実(?―一三一四)は、日蓮の孫弟子にあたり、日蓮六老僧日昭を助けて鎌倉近辺で布教活動をし、但馬阿闍梨《たじまあじゃり》ともいわれた十八中老僧の一人。江戸時代中期の延享三年(一七四六)には材木座小字沼浦にあり、その後に現在地に移転したことが知られる。沼浦は、弘長元年(一二六一)に日蓮が捕らえられ、伊豆国伊東に配流となり船出した地だった。「日蓮聖人伊豆法難記念」の相輪形の塔と法難御用船の模型が境内にある。本堂・庫裡・上行堂・門などがある。

妙　長　寺　本　堂

由比若宮

ゆいわかみや

材木座一丁目七に鎮座。元八幡と呼ばれる。平安時代末期、朝廷の命で源頼義が陸奥の安倍貞任の征討に際し石清水八幡宮《いわしみずはちまんぐう》に戦勝祈願し、無事凱旋したことから康平六年(一〇六三)八月鎌倉由比郷にひそかに石清水八幡宮を勧請したことに始まる。永保元年(一〇八一)二月には頼義の子義家による修復がなされた。その後、治承四年(一一八〇)頼朝が小林郷北山(現在の鶴岡八幡宮の下拝殿付近)に建てた新しい社殿に遷座されると、小林郷の八幡宮は鶴岡八幡新宮若宮《つるがおかはちまんいまみやわかみや》と称することとなった。このような由緒より、鶴岡八幡宮はこの若宮から始まったといえる。社殿についても幕府をあげての援助が施され、頼朝臨席のもと正殿遷宮の式や回廊建設まで行われたようである。諸願成就には仏教修法も勤められるなど神仏習合の様相を見せていた。社地は、「鶴岡八幡宮境内」として本宮の社地とともに国の史跡に指定されている。なお、鶴岡八幡宮所蔵の享保十七年(一七三二)の境内図には「由比若宮社」と

由　比　若　宮

して現在地にあたる位置に描かれている。例祭は四月二日。↓鶴岡八幡宮《つるがおかはちまんぐう》

来迎寺《らいごうじ》

材木座二丁目九―一九に所在する時宗寺院。山号は随我山。藤沢市清浄光寺《しょうじょうこうじ》の末寺。本尊は阿弥陀三尊像。開山は音阿。鎌倉三十三観音霊場第十四番札所。本寺は真言宗の能蔵寺の旧跡と伝え、本尊は三浦大介義明の守本尊だという。音阿は近くの向福寺の開山でもあり、時宗の僧であったため、建武二年(一三三五)に本寺が改宗されたという。明治五年(一八七二)に本堂・庫裡などが焼失した。境内には義明と多々良三郎重春の分骨と伝える五輪塔がある。義明は三浦半島にある衣笠城の城主であり、治承四年(一一八〇)源頼朝の挙兵に呼応し、由比ヶ浜で畠山重忠軍を破った。しかし、加勢を得た重忠の追撃を受け、一族を頼朝のもとへ送り出したのち、衣笠城において戦死した。重春も同年の石橋山の合戦で命を落とした。本尊木造阿弥陀如来

来迎寺本堂

及び両脇侍菩薩立像三軀は鎌倉市指定文化財となっている。

多々良三郎重春墓(左)と三浦大介義明墓(右)

蓮乗院

れんじょういん

材木座六丁目一六－一五に所在する浄土宗寺院。山号は天照山。本尊は阿弥陀如来像。鎌倉三十三観音霊場

蓮乗院山門

第十九番札所。もと同地は光明寺の寺僧の寮であったところで、光明寺の開創以前には真言宗寺院の蓮乗寺があったという。開山は不詳。光明寺は天照山蓮乗院光明寺が正式名称で、本院蓮乗院は光明寺の方丈の名称となった。鎌倉市の指定文化財となっている本尊阿弥陀如来立像の胎内には、正安元年(一二九九)十月一日に造像され、阿弥陀四十八願を書すとともに貞治三年(一三六一)二月四日の修理銘がみられる。

大船・市北西部

大船市街と大船観音

厳島神社《いつくしまじんじゃ》

小袋谷二丁目一三―二一に鎮座。小袋谷の鎮守で、旧村社。勧請の年代は未詳で、祭神は、市杵島姫命《いちきしまひめのみこと》・橘《たちばな》姫命《ひめのみこと》・応神天皇。以前は弁天社といわれ、大正十二年（一九二三）の関東大震災で本殿などが全壊したが、現在本殿・幣殿・拝殿などがある。境内の寛文十年（一六七〇）銘の庚申塔は鎌倉市の有形民俗文化財となっている。例祭は七月二十二日以降の日曜日。

厳　島　神　社

寛文10年銘庚申塔

稲荷神社

いなりじんじゃ

台一七九五に鎮座。台上町の鎮守で、無格社。祭神は、受《う》気《け》母《も》知命《ちのみこと》。弘化四年(一八四七)に社殿が再建されたが、その時の勧進状によれば、山城国飯成山に鎮座する神を承久年間(一二一九―一二二)に勧請したとある。かつて近くにあった地蔵堂の地蔵菩薩像は、本社の本地仏であったともいわれる。例祭は三月第二日曜日。

稲　荷　神　社

円久寺

えんきゅうじ

常盤六二一に所在する日蓮宗寺院。山号は常葉山《ときわ》。もと比企谷妙本寺の末寺で、開山は日惺《にっせい》(一五五〇―九八)。日惺は天正九年(一五八一)に妙本寺と江戸池上本門寺の貫主となっている。この時期には比企谷に住んでおり、徳川家康の江戸入部に従い江戸に移り、麴町より現在地の東京都新宿区神楽坂に移転した善国寺ほかの寺院創建にも力を尽くした。本寺は大仏切通の北側に位置し、隣接して建つ八雲神社は、もと本寺の境内社で天王社と称したという。本堂・庫裡がある。

寺地を含む一帯は、北条義政と政村の屋敷があったとされ、北条氏常盤亭跡として国の史跡に指定されている。

円久寺本堂

円光寺

えんこうじ

植木五四九に所在する古義真言宗派の寺院。山号は城護山、院号は明王院。本尊は不動明王。もと青蓮寺末

円光寺参道

寺で、のち京都大覚寺の末寺となった。開山は澄範（?―一五五九）。『新編相模国風土記稿』によれば、戦国時代北条左馬助氏時（?―一五三二）が玉縄城の祈願所として創建し、元和五年（一六一九）廃城の際に現在地に移転したと伝える。玉縄城は小田原北条氏の支城で、本寺の北方四〇〇メートル《メートル》に位置し、円光寺曲輪《くるわ》という名が残っている。本堂のほか薬師堂がある。氏時の命によって作られたという木造毘沙門天立像一軀は鎌倉市指定文化財となっている。

大船観音寺

おおふなかんのんじ

岡本一丁目五―三に所在する曹洞宗寺院。本尊は聖観音菩薩像。神奈川県鶴見の総持寺の末寺。本寺はＪＲ大船駅の西に位置し、大船観音で知られる。大船観音は、遠くからは立像に見えるが、構造上の問題から胸

大船観音

像として昭和四年（一九二九）二月に起工した。当時の政財界人の協力により建立が始められたが、折からの世界恐慌のあおりを受け昭和九年には中止せざるを得なくなった。太平洋戦争期を挟んで同三十二年に改めて起工され、三十五年にようやく竣工した。当時はまだ宗教法人の認可を受けておらず、財団法人大船観音協会により運営されていた。その後寺院としての体裁を整えつつ、昭和五十六年十一月に宗教法人大船観音寺となった。慈光堂・白衣観音（大船観音）・山門・鐘

楼などがある。慈光堂に安置される木造菩薩立像一軀は鎌倉市指定文化財となっている。

北野神社（きたのじんじゃ）

山崎七三六に鎮座。山崎の鎮守で、旧村社。祭神は菅原道真で、牛頭天王《ごずてんのう》を相殿にまつる。勧請年月は不詳だが、社伝によれば夢窓疎石により暦応年間（一三三八―四二）に勧請されたとするが、疎石が元弘三年（一三三三）に上京しているので、年代的には合わない。牛頭天王は、もと岩瀬の五社明神にまつられていたもので、延宝年間（一六七三―八一）に神託により遷座されたという。貞治元年（一三六二）十二月の円覚寺黄梅院主による再建（『空華集』）や、境内に残る山崎天満宮再造碑から文化八年（一八一一）九月にも再建されたことが知られる。また、慶応二年（一八六六）銘の修理棟札も残っている。例祭は九月二十五日で、当日は鎌倉神楽が奉納される。ほかに天王祭（七月十五日―二十二日）がある。境内には、覆殿・本殿・幣殿・拝殿・手水舎・旧観音堂が存する。そのほか、応永十二年

北野神社参道

応永12年銘宝篋印塔

（一四〇五）銘の金剛界四仏を浮き彫りにした宝篋印塔、年未詳の板碑（ともに鎌倉市指定の文化財）、天保十四年（一八四三）建立の石造鳥居がある。なお、観音堂本尊の銅造十一面観音像は山崎の昌清院本堂に収められている。

玉泉寺

ぎょくせんじ

玉縄三丁目六八七に所在する古義真言宗寺院。山号は聖天山、院号は歓喜院。京都大覚寺派の末寺で、以前は鎌倉市手広の青蓮寺の末寺であった。本尊は不動明王像で願行の作という胎内不動が納められている。開基は小林若狭で、若狭の宅地に開かれた寺である。竜宝寺へと抜けるトンネル手前から東側に入った住宅街の中にある。

玉　泉　寺

久成寺《くじょうじ》

植木四九四に所在する日蓮宗寺院。山号は光円山。もと身延山久遠寺の末寺。本尊は三宝祖師。常光院日舜を開山として永正十七年（一五二〇）梅田尾張守秀長の宅地を寺地として創建された。別に享禄元年（一五二八）の開創とも伝える（本覚寺所蔵『寺々境内開基年数改帳』（宝永三年）。四世日顗が天下安泰を願い法華経三千部読経を祈願し、それを知った徳川家康が関東入部の翌年にあたる天正十九年（一五九一）に、寺領三石を寄進したとされ、のち鷹狩の際にも本寺に立ち寄ったという。九世日通が堂宇再建に努め中興とされる。同寺には「紙本淡彩久成寺境内図」ほか四点の所領図が伝わる。境内図は江戸末か明治初年のもので、寺地の状態を示す書き上げ図と思われ、境内と周りの土地利用について記している。寺は、古くは武蔵・甲斐国に通ずる道であった、現在の小袋谷藤沢線に面している。

久成寺本堂

参考文献　『鎌倉の古絵図』二（『鎌倉国宝館図録』一六）

熊野神社

くまのじんじゃ

大船二〇三三に鎮座。大船の鎮守で、旧村社。祭神は、日本武尊。勧請年月は未詳。別当は近くの古義真言宗の多聞院。御神体の熊野大権現は木造束帯の姿で、その台座に天正七年(一五七九)四月吉日甘糟《あまかす》太郎《たろう》左《ざ》衛門《えもんの》尉平長俊《じょうたいらのながとし》による勧請と、寛政二年(一七九〇)九月吉日扇谷村の仏工後藤斎宮《ごとういつき》・藤原義真による再興の銘がみられる。建物は、本殿・拝殿と崇徳天皇をまつる末社の金比羅社などがあり、金比羅社は寛永二年(一六一五)に甘糟時綱により移されたという。本殿が鎌倉市の指定文化財となっているほか、木造熊野権現坐像ほか木造随身半跏像・木造獅子像の計五軀も市指定の文化財となっている。例祭は九月二十四日に近い日曜日。

熊　野　神　社

五社稲荷神社

ごしゃいなりじんじゃ

岩瀬一三九九に鎮座。岩瀬の鎮守で、村社。社伝によれば、建久年間(一一九〇―九九)岩瀬与一太郎を奉行として創建されたというが、勧請年代は不詳。祭神は、保食神《うけもちのかみ》・大己貴神《おおなむちのかみ》・太田神《おおたのかみ》・倉稲魂神《うがのみたまがみ》・大宮姫神《おおみやひめがみ》の五柱で、五所の宮・五社明神とも呼ばれる。社殿は天明二年(一七八二)九月銘の棟札が残り、この時の再建とわかる。鎌倉市北部、横浜市栄区との境近傍にあり、横浜と鎌倉を結ぶ鎌倉街道(環状四号線)が近くを通り

五社稲荷神社

交通の要衝に所在していたことがわかる。例祭は八月最終週の土・日曜日。

駒形神社

こまがたじんじゃ

寺分一丁目一〇—一二に鎮座。祭神は駒形大神《こまがたのおおかみ》。寺分の鎮守で、旧村社。勧請年月未詳。元の祭神は邇々芸《ににぎの》

駒形神社参道

命《みこと》と伝え、社伝によれば農業の守護神として信仰され、社地は治承年間(一一七七―八一)には大庭景親《おおばかげちか》の所領内にあったという。現在の社殿は、天保十四年(一八四三)銘の棟札からその時の再建とわかる。棟札の記述から、近くの東光寺の管理下にあったことが知られる。境内にあるやぐらには、弁財天像がまつられている。祭礼は十月第一日曜日。

御霊神社　ごりょうじんじゃ

梶原一丁目一二―二七に鎮座。祭神は、鎌倉権五郎景政《かまくらごんごろうかげまさ》。景政は桓武平氏高望王の子孫で、目に刺さった矢を味方が抜こうとして顔を踏みつけたことに怒って斬りかかったという伝説がある。建久元年(一一九〇)九月、梶原景時《かじわらかげとき》が景政を祀る堂宇を建て、御霊社と称したという。梶原地域の鎮守で、旧村社。本殿・拝殿がある。坂ノ下に鎮座する御霊神社の本社とする説もあるが、今のところ確証がない。『新編相模国風土記稿』によれば、以前は近くの等覚寺の管理下にあった。また木造の伝景政夫妻像を神体とし梶原景時の像もあるという。近くにある深沢小学校構内のやぐらには景時

御霊神社参道

墓と伝える五輪塔がある。例祭は九月十七日に近い休日で、当日湯立神楽《ゆだてかぐら》を奉納する。

御霊神社社殿

西念寺《さいねんじ》

岩瀬一五二七に所在する浄土宗寺院。山号は岩瀬《がんらい》山、院号は正定院。本尊は阿弥陀如来像。もと大長寺の末寺。開山は慶蓮社運誉光道(?—一五三四)、中興開山は深蓮社信誉至誠見性。本堂は天保七年(一八三六)九月に再建されたという記録があり、鎌倉で唯一、本堂と庫裡が一棟となっている珍しい建築であった。

西念寺

昌清院

しょうせいいん

山崎一四八二に所在する臨済宗円覚寺派寺院。山号は長崎山。円覚寺塔頭《たっちゅう》如意庵の末寺。本尊は釈迦如来像。開創には諸説がある。『新編相模国風土記稿』によれば、開山は以足徳満《いそくとくまん》(?―一五九七)とし、天保三年(一八三二)造立の無礙妙謙《むげみょうけん》(?―一三六九)の坐像の胎内銘札には妙謙を「当院開山」と記している。寺蔵の過去帳では、開闢開山を天鑑存円、二世を久庵僧可、開山を以足徳満としている。無礙妙謙は寿福寺(三十三世)や円覚寺(三十六世)などに住持し、円覚寺如意庵に退隠した。天鑑存円・久庵僧可はともにその弟子である。中興開山の興宗□鏡は寺地の近くに十王堂を建立したという。嘉永四年(一八五一)誠道妙諦の時に山門が建立された。現在本堂には本尊のほか十王堂の安置仏木造地蔵菩薩像・十王像や北野神社旧蔵の銅造十一面観音像などがある。

昌清院本堂

成福寺

じょうふくじ

小袋谷二丁目一三―三三に所在する浄土真宗寺院。山号亀甲山、院号法得院。京都本願寺派本願寺(西本願寺)の末寺。本尊は阿弥陀如来像。縁起によれば、創建は貞永元年(一二三二)で、開山は成仏と伝える。成仏は鎌倉幕府執権北条泰時の末子で、天台僧であったときに親鸞に巡り会い帰依したという。本堂裏に修行の跡と伝える亀の窟がある。初世から七世住持までは北条氏の出身とするが確証はない。九世宗全の時に伊豆の北条に移転し、第十一世の代、慶長十七年(一六一二)に故地に戻ったという。現在本堂・庫裡・山門があるが、元禄九年(一六九六)銘の本堂再興の棟札が残る。小袋谷六八八の吾妻堂に安置されていた木造虚空臓菩薩坐像が残されている。寺蔵の「紙本墨画芦雁図二曲屛風」一隻と木造聖徳太子立像一軀は鎌倉市指定文化財。なお、境内のビャクシンは市の天然記念物。

成福寺山門

常楽寺

じょうらくじ

大船五丁目八―二九に所在する臨済宗寺院。山号は、大船の古名の「アワフナ」に由来する粟船《ぞくせん》山。建長寺派の末寺。開基は北条泰時(一一八三―一二四二)、開山は退耕行勇(一一六三―一二四一)と伝える。本尊は阿弥陀三尊像。寺名常楽寺は泰時の法名(常楽寺)によるが、草創当初は粟船御堂と称されていた(『吾妻鏡』寛元元年(一二四三)六月十五日条)。泰時はその前年仁治三年(一二四二)六月十五日に没しており、この日が周忌の祥月命日にあたる。『吾妻鏡』嘉禎三年(一二三七)十二月十三日条に泰時がその夫人の母のために山内の墳墓の傍らに一堂宇を建て、この日の供養の導師として行勇を招いたことがみえる。行勇は、当時源頼朝や北条政子らの篤い帰依を請け、鶴岡八幡宮供僧や永福寺・寿福寺に住するなど鎌倉で活躍し、また奈良東大寺大勧進職を師である栄西から嗣ぎ、真言密教の聖地高野山禅定院(のちの金剛三昧院)を禅を兼修する道場としたりと多方面の活動をしていた。宗派は臨済宗だが、本尊が阿弥陀三尊であること、泰時の「観阿」という法名が阿弥号であること、泰時出家時の戒師が浄土宗僧であることなどから浄土系寺院とも考えられるが、『鎌倉市史』によれば泰時の浄土宗への傾倒は晩年のもので、草創の当初は開山の行勇が禅密兼修僧で、行われた仏事が密教系であり密教寺院であった。その後、来朝僧蘭渓道隆が北条時頼の招請により住したことから禅宗寺院に改宗した。境内には、仏殿・客殿・文殊堂・山門などがあり、泰時墓と南浦紹明《なんぽじょうみん》(大応国師)五輪塔が仏殿裏に残る。仏殿には元禄四年(一六九一)の記銘があるといい、文殊堂は明治十四年(一八八一)の移建で、本尊の文殊菩薩像は鎌倉時代末期の作で胎内銘札には堂の明治移建の事情が記されて

常楽寺

山　門

大応国師墓

北条泰時墓

いる。寺領は、天正十九年(一五九一)の建長寺朱印領配分帳案には「一貫八百文 東郡粟船郷常楽寺」とみえる。

常楽寺の文化財

仏殿と付属する土地堂牌・祖師堂牌および「貞和丁亥三月十二日住山梵僊」とある貞和三年(一三四七)銘の板榜は昭和五十三年(一九七八)二月二十一日に神奈川県指定文化財に、江戸時代初期に新来の禅宗黄檗宗の京都万福寺第二代住持木庵性瑫《もくあんしょうとう》筆の扁額がかかる山門は鎌倉市指定文化財となっている。梵鐘は宝治二年(一二四八)三月二十一日の銘をもち、国の重要文化財に指定されている。木造文殊菩薩坐像一軀は神奈川県の、木造釈迦如来坐像一軀、木造毘沙門天立像一軀は鎌倉市の指定文化財となっている。ほかに、室町時代の作である蘭渓道隆像が仏殿に安置されている。なお、寛政三年(一七九一)銘の「常楽寺境内図」が残り、仏殿・文殊堂・客殿・庫裡・鐘楼・門などを備えた江戸時代後期の寺の様子がわかる。仏殿の後に五輪塔がみえ、現在も残る北条泰時と南浦紹明《なんぽじょうみん》(大応国師)墓が描かれている。泰時墓については『吾妻鏡』建長六年(一二五四)六月十五日条に十三年忌に際し「彼墳墓青船御塔」を供養したことが記されている。なお現在の墓は五輪塔ではなく石が重ねられた変型の塔となっている。なお、『常楽寺略記』には木曾義仲の長男志水義高と許嫁となった源頼朝・北条政子の娘大姫の死後に政子が供養のために建てた仏堂が寺の起りと伝えるが、絵図にはその関連の姫宮の堂と義高墓と注記する五輪塔がみえる。

参考文献 『鎌倉の古絵図』一(『鎌倉国宝館図録』一五)

神明神社

しんめいじんじゃ

台四丁目二〇—一六に鎮座。祭神は、天照大神・蛭子《ひるこ》

神　明　神　社

之命《のみこと》・須佐男命《すさのおのみこと》・市杵比売命《いちきひめのみこと》の四神。台下町の鎮守で、旧村社。勧請年月日は未詳だが、社伝によれば元亀年間(一五七〇―七三)の山内荘内の疫病流行に対し天照大神を勧請し病気退散を祈ったと伝える。大正九年(一九二〇)八月二十八日に淡島社・第六天社・諏訪神社(いずれも無格社)を合わせまつり現在の祭神となった。本殿・拝殿のほか、末社の三峯神社を含む三社、神輿庫などがある。社殿は、慶安元年(一六四八)の地震で炎上し、承応三年(一六五四)再建、安政元年(一八五四)の改築を経ているという。例祭は以前は九月十四日であったが、現在は九月第二日曜日となっている。

諏訪神社

すわじんじゃ

植木九六に鎮座。祭神は、建御名方命《たけみなかたのみこと》。植木・岡本・城廻の鎮守で、もと玉縄領の惣鎮守となっていた。旧村社。勧請年月日は不詳だが、玉縄城が北条早雲によって築かれたのが永正九年(一五一二)なので、本社の鎮座もそのころかと考えられる。玉縄城の遺構のうち、本丸を巡る土塁の東側の高所を諏訪壇といい、以前はそこに鎮座していた。諏訪壇は城の最高所にあり、かつ本丸に接していたため、防護上重要な場所であったと考えられ、そこにあった諏訪神社の城にとっての重要さが知られる。廃城後に現在地に遷座し、近くの玉泉寺が管理していた。例祭は八月二十七日。

諏　訪　神　社

泉光院

せんこういん

上町屋六三一に所在する古義真言宗寺院。山号は天守山、寺号は高音寺。もと手広の青蓮寺の末寺だったが、

泉　光　院　本　堂

現在は京都大覚寺の末寺となっている。本尊は阿弥陀三尊像。開山・開基や寺史などは不明。近くの天満宮を管理する寺でもあった。本堂・薬師堂・地蔵堂・山門・庫裡などがある。

大慶寺

たいけいじ

寺分一丁目五―八に所在する臨済宗円覚寺派寺院。関東十刹の一つ。山号は雲照山。開山は大休正念(一二一五―八九)、開基は長井光禄。正念は中国僧で、文永六年(一二六九)来日し、禅興寺・建長寺・寿福寺・円覚寺に住し、鎌倉幕府枢要の人物の篤い帰依を受けた。開創は未詳だが、『高僧伝』には弘安年間(一二七八―八八)初期に無象静照が本寺に住したことがみえるので、このころにはすでに開かれていたことがわかる。歴代住持にはそのほか大川道通・傑翁《けっとう》是《ぜ》英《えい》・秋礀道泉・之庵道貫・奇文禅才らがいた。『新編相模国風土記稿』によれば方外庵・指月軒・覚華《かくげ》庵・天台庵・大堂庵などの塔頭《たっちゅう》があったが、方外庵のみが残り大慶寺の荒廃後に名を継いでいる。文化財として木造釈迦

大慶寺山門

大慶寺石造宝塔

如来坐像一軀は、胎内に二枚の銘札を納めており、石造宝塔二基とともに鎌倉市の指定文化財となっている。なお、境内のビャクシンは市の天然記念物。

大長寺

だいちょうじ

岩瀬一四六四に所在する浄土宗寺院。山号は亀鏡山、院号は護国院、寺号は大長寿寺。もと京都の知恩院の末寺。本尊は阿弥陀如来像。天文十七年(一五四八)の創建で、開山は感誉《かんよ》存貞《ぞんてい》(一五二三―七四)、中興開山は暁誉源栄(?―一六一八)。開基は北条綱成(一五一五―八七)。大頂寺・大長寿寺ともいう。創建時の寺

大長寺本堂

域は、東西三町余、南北五町余で寺田が付されていた。寺名は綱成室の大頂院光誉耀雲を当地に葬り寺地の寄進を受けたことによる。開山・中興開山ともに徳川家康の信任を得、岩瀬地内で五十石の寄進を受けた。存貞は鎮蓮社と号し東京芝増上寺の第十世住持で、相模国小田原で生まれ、相模伝肇寺で出家後に本寺のほか武蔵国蓮馨寺開山や専念寺創建などの事績がある。中興開山の源栄は星蓮社と号し、相模国貞崇寺・宗仲寺の開山となった。綱成は玉縄城の三代目城主で、一時河越城主も兼ね各地の戦いに活躍したが、嫡子氏繁に家督を譲り小田原攻めで北条氏が没落する前に没した。現在本堂・庫裡・宝蔵・鐘楼などがある。本堂は明治十五年(一八八二)十二月の焼失後に四十三年九月に再建され、関東大震災では被害は軽微ですんだ。天文十八年(一五四九)に宗琢により作られた北条氏綱室朝倉氏の木像が蔵され、木造阿弥陀如来坐像一軀、北条氏康に寄進されたという「絹本著色久理加羅竜図」とともに鎌倉市指定文化財となっている。ほかに善導大師像・法然上人像・徳川家康像、「山越阿弥陀図」などが所蔵されている。

多聞院

たもんいん

大船二〇三五に所在する古義真言宗寺院。山号は天衛山、寺号は福寿寺。もと手広の青蓮寺の末寺だったが、現在は京都大覚寺の末寺となっている。本尊は毘沙門天像。寺伝によれば甘糟氏が開基となり、開山は南介《なんかい》僧都《そうず》と伝え、天正七年(一五七九)に創建された。南介僧都と二世賢怡《けんい》(?―一五八七)の位牌が残る。『新編相模国風土記稿』によれば、当寺の持である「観蓮寺屋舗」と呼ばれる田が山之内村瓜ヶ谷にあるといい、観蓮は当寺の旧号であると推測されている。境内には本堂・庫裡・門がある。本尊の木造毘沙門天立像、木造十一面観音菩薩坐像、牛頭天王像などの彫刻のほか、後白河上皇・後嵯峨上皇の院宣を所蔵し、天正九年銘の高台付椀は鎌倉国宝館に寄託されている。

多聞院本堂

貞宗寺

ていそうじ

植木六五六に所在する浄土宗寺院。山号は玉縄山、院号は珠光院。開山は、大長寺の星蓮社暁誉源栄。もと東京芝の増上寺の末寺。寺の草創は、貞宗尼西郷氏が慶長十四年(一六〇九)四月十九日に没し、遺骸をその邸に埋葬し、法名を貞宗院英誉珠光善女とし、寺名としたことによる。貞宗尼は戸塚恵春に嫁し徳川秀忠の母お愛の局を産んだ。寛文十二年(一六七二)八月寺領十石が寄進され、貞享二年(一六八五)には朱印状を与えられた。本堂および庫裡が元禄五年(一六九二)に建立されたが、現在の本堂・庫裡は大正十二年(一九二三)の関東大震災後に造営された。ほかに長屋門がある。以前貞享二年十二月十九日銘の鐘が存していた。三葉葵の紋のある蒔絵の膳などを所蔵しており、お愛の局が寄進したものと伝えられる。明治十年（一八七七）に玉縄学校が置かれたが、のち竜宝寺に移転された。

貞宗寺本堂

天満宮

てんまんぐう

上町屋六一六に鎮座。祭神は菅原道真。上町屋の鎮守で、旧村社。勧請年月は未詳で、社伝では、草創は上

天満宮

総介平良文が霊夢を請け天神をまつったことによるという。もと近くの泉光院の管理するところで、年頭の歳神の御幣を泉光院より受けてまつる行事が行われている。寛永三年(一六二六)・享保十一年(一七二六)の祈禱札、正徳六年(一七一六)四月、天明元年(一七八一)七月上旬を記す棟札が残り、現在の社殿は天明元年の建立と知られる。現在本殿・拝殿のほか、末社四社と天保十一年(一八四〇)銘の石造鳥居がある。本殿脇の神像を彫った石碑の存在は当地方では珍しい。境内の寛文十年(一六七〇)銘の庚申塔が鎌倉市の文化財となっている。例祭は一月二十五日で、当日は鎌倉神楽が奉納される。

寛文10年銘庚申塔

等覚寺

とうがくじ

梶原一丁目九―二に所在する古義真言宗寺院。山号は休場山、院号は弥勒院。もと手広の青蓮寺の末寺だったが、現在は和歌山県高野山の宝寿院の末寺となっている。本尊は不動明王像。現在本堂・大師堂・山門・庫裡がある。創建は応永年間(一三九四―一四二八)に秀恵僧都《しゅうけいそうず》によるという。近くの御霊神社の管理も行なっていた。明治六年(一八七三)には訓蒙学舎が境内に開かれ、八年には梶原学校と改称され、現在の市立深沢小学校の前身となった。

等覚寺山門

東光寺《とうこうじ》

寺分一丁目七―六に所在する古義真言宗寺院。山号は天照山、院号は薬王院。もと手広の青蓮寺の末寺だっ

東光寺参道

たが、現在は和歌山県高野山の宝寿院の末寺となっている。本尊は不動明王像で、平安時代に智証により作られたとされる。永享三年(一四三一)正月二十二日に高野山慈眼院法印霊範の隠居所として再興された。本堂・庫裡がある。近くの駒形神社の管理寺でもあった。境内に、四国八十八所霊場の砂を納めた「お砂踏霊場」がある。

八幡神社

はちまんじんじゃ

台二〇四四に鎮座。祭神は応神天皇。台上町の鎮守で、旧無格社。小八神社とも呼ばれる。領主の別所氏により享保二十年(一七三五)八月十一日に勧請され創建された。JR横須賀線の線路沿いに入口があり、階段が続く参道を登ると本殿のほか、末社の稲荷社がある。社殿は大正十二年(一九二三)の関東大震災で全壊し、十五年十二月十日に再建がなった。例祭は七月二十二日。

八　幡　神　社

妙法寺

みょうほうじ

山崎六六三に所在する日蓮宗寺院。山号は宝珠山。もと山梨県甲府市遠光寺の末寺。本尊は三宝祖師像。開

妙　法　寺　本　堂

山は日宝(?―一九三〇)。本寺の鎌倉への移転は新しく、開山の日宝が明治三十八年(一九〇五)本化道場教会を設立し、昭和三年(一九二八)十月山梨県妙法寺の移転の名目で寺号を妙法寺としたことがはじまりである。本堂・庫裡・七面堂・地蔵堂などがある。

黙仙寺

もくせんじ

岡本一丁目四―一に所在する曹洞宗寺院。山号は無我相山。本尊は金剛尊天像。開山は維室黙仙、開基は浜地八郎。浜地が『金剛経』の宣布を期して道場を開創したもので、明治四十二年(一九〇九)静岡県の祐昌寺を鎌倉に移転させ、のち寺号を現称に改めた。東海道線大船駅の西側にある大船観音の北側に位置し、入口には石造十三重塔が建ち、長い階段が連なる。大船観音創建は昭和四年(一九二九)に始まり、本寺住職が尽

力したが、第二次世界大戦の影響もあって完成に至らず、戦後昭和三十五年に完成し本寺が管理していたが、のち大船観音寺として独立した宗教法人となった。

黙　仙　寺　本　堂

八雲神社

やくもじんじゃ

常盤五三四に鎮座。祭神は素盞嗚命《すさのおのみこと》・速玉《はやたま》之《の》男命《おのみこと》・伊《い》弉《ざ》冉命《なみのみこと》。常盤の鎮守で、旧村社。慶長年間（一五九六—一六一五）に矢沢与左衛門尉光広により矢沢氏の屋敷内に創立されたと伝える。また、明和三年（一七六六）の縁起書によれば、紀州熊野社を勧請し、のちに

八雲神社参道

合祀したともいう。もと円久寺の管理下にあった。本殿・幣殿・拝殿などがある。例祭は七月第一日曜日から七日間。

竜宝寺

りゅうほうじ

植木一二九に所在する曹洞宗寺院。玉縄城跡の東に位置する。山号は陽谷山、院号は瑞光院。本尊は釈迦如来像。開山は泰絮《たいじょ》(?―一五六二)。創建は玉縄城主北条綱成が植木村山居に香花庵を建てたが、天正三年(一五七五)三世の関翁良越の時に北条氏勝が現在地に移転させたことによる。同十八年の小田原の戦いで、当時の住持良達は玉縄城主氏勝に玉縄籠城と自決を思いとどまらせ降伏させた。その後良達は宗派内の争いから一時寺を出ることとなり、寺名も大応寺と改称していたが、良達の還住とともに旧に復した。玉縄北条氏の墓所となっていたが、北条氏の離檀に伴い遠江国原川上岳寺に移転した。綱成・氏繁・氏勝の位牌が残されている。境内には室鳩巣名の新井白石の碑があるが碑文は摩滅している。植木村に白石の所領二百石が

竜宝寺山門

あり、住職と新井家の交流を示すものである。鎌倉市関谷から移築された旧石井家住宅は国の重要文化財に指定されている。そのほか寛文八年(一六六八)銘の庚申塔が市の文化財に指定されている。

旧石井家住宅

腰越・市南西部

霊光寺日蓮聖人像

稲荷神社

いなりじんじゃ

手広一四一二に鎮座。無格社。祭神は倉稲魂命《いいくらだまのみこと》。勧請年は未詳だが、小田原北条氏の家臣島村氏の氏神として創建されたという。三十日間交替して国を守るという三十番神像をまつるため三十番神宮ともいわれる。例祭は十月九日で、鎌倉市笛田の仏行寺の僧が読経に来るという。安政三年(一八五六)銘の石造鳥居がある。

稲荷神社

鎌倉山神社

かまくらやまじんじゃ

津二丁目二七一―一に鎮座。鎌倉山住宅地の鎮守で、坂ノ下の御霊神社宮司の村岡忠四郎が設立した。祭神は大山津見命《おおやまつみのみこと》。社地は私有地となっていて、石造の鳥

鎌倉山神社鳥居

居と社殿が建つ。笛田村の鎮守三島神社の分霊を勧請したが、勧請年月は未詳。当初は三島神社と称し、山ノ神と通称された。昭和二十年（一九四五）の宗教法人令の施行に伴い、翌年八月に現在名に改称した。鎌倉山住宅は、昭和初年に別荘地として開発され、政財界人などが購入した高級別荘地として知られる。例祭は八月八日だったが、現在は八月の第二日曜日となっている。

鎌倉山神社社殿

勧行寺《かんぎょうじ》

腰越二丁目一九―一五に所在する日蓮宗寺院。山号は竜口山。輪番制を敷く藤沢市片瀬の竜口寺の輪番八ヵ寺の一つ。創建は嘉元元年（一三〇三）と伝え、開山は日実。日実は、師日蓮の死後、六老僧の一人で鎌倉地方を布教の拠点とした日昭を助けて活動した十八中老僧の一人となり、日昭より名瀬の妙法寺（横浜市戸塚区）、浜の法華寺（鎌倉市材木座の実相寺の前身）の住持職を譲られたが固辞した。寺は、竜口寺の南東、江ノ島電鉄腰越駅の東に位置する。近くには、輪番の寺、東漸寺・本成寺・妙典寺や源義経が腰越状を記し逗留したという満福寺がある。

勧　行　寺　本　堂

熊野神社

くまのじんじゃ

手広七七九に鎮座。手広の鎮守で、旧村社。祭神は、伊弉冊命《いざなみのみこと》・事解男神《こととけおのかみ》・速玉男神《はやたまおのかみ》。勧請年月は未詳。も

熊　野　神　社

とは青蓮寺の塔頭《たっちゅう》である宝積院の管理下にあり、如意輪観音像が本地仏であったという。修造を伝える慶安元年(一六四八)・万治元年(一六五八)・寛文十二年(一六七二)・享保三年(一七一八)・寛延四年(一七五一)・天明八年(一七八八)・文政十年(一八二七)・文久四年(一八六四)の江戸時代の棟札が多く残っている。本殿・幣殿・拝殿・手水舎などがある。祭礼は一月二十八日。

子守神社

こもりじんじゃ

笛田五丁目三四―六に鎮座。祭神は子守の神。以前は蔵王権現社と称した。山の神、産神《さんじん》などともいわれる。打越の鎮守で、今本殿と拝殿がある。打越の村落が笛田本村から独立し、昭和二十一年(一九四六)五月に設立された新しい神社。子育ての神として人々に信仰された。もと仏行寺の管理下にあった。祭礼は九月第一日曜日。

子守神社

小動神社

こゆるぎじんじゃ

腰越二丁目九―一二に鎮座。海に突き出た小動岬に立地し、傍らに腰越漁港があり、海を挟んで目前に江の島を望む。祭神は建速須佐之男命《たけはやすさのおのみこと》・建御名方神《たけみなかたのかみ》・日本武尊。『新編相模国風土記稿』によれば、牛頭天王《ごずてんのう》・歳徳神《としがみ》を合祀し、銅造本地仏の十一面観音像を安置しているとする。腰越の鎮守で、旧村社。以前は八王子宮・三神社などと称されていた。勧請年月日は未詳だが、『八王子宮縁起』(弘治二年書写)によれば、佐々木盛綱が文治年間(一一八五―九〇)に近江国の八王子宮を勧請し、新田義貞が建武年間(一三三四―三八)に再興した。盛綱は、鎌倉幕府草創期に源頼朝に従い挙兵の時から三代将軍実朝の時代まで幕府を支えた武将で、その子孫は中国地方に勢力を持つようになった。近代になり、明治初年の神仏分離に際し、地名に従い現社名に改めたが、その後も社前にある浄泉寺が別当寺として管理にあたり神仏を判然とせず、その状態は大正六年(一九一七)七月まで続き特異な例であった。その

小　動　神　社

間、明治四十二年(一九〇九)三月九日に諏訪神社を合併した。現在本殿・拝殿のほか、海神社・稲荷神社・琴平神社・第六天社の末社四社などがある。本殿は、文化十四年(一八一七)四月の建立であったが、大正十二年の関東大震災により破損した。拝殿は昭和四年(一九二九)に新造。享保十三年(一七二八)、明治四十年建立の石造鳥居がある。例祭は一月十六日、ほかに天王祭が七月七日から十四日まで行われる。

浄泉寺　じょうせんじ

腰越二丁目一〇―七に所在する古義真言宗寺院。山号は小動《こゆるぎ》山、院号は松岩院。もと手広の青蓮寺の末寺だったが、現在は京都大覚寺の末寺となっている。本尊は不動明王像だが、左手に剣を持ち、通常の右手に剣を持つ明王像とは異なっている。空海が開山と伝えるが、中興開山は元秀(?―一五五八)。近代になり、明治初年に明治政府により神仏分離政策が進められたが、海岸線を走る湘南道路(現国道一三四号)を挟んだ海側

浄泉寺本堂

の小動神社の別当寺としてその後も管理にあたり神仏を判然とせず、その状態は大正六年(一九一七)七月まで続いた。昭和二十九年(一九五四)の道路工事の際、埋納された千数百枚の銅銭が発見された。現在、本堂・地蔵堂・門・庫裡などがある。

青蓮寺　しょうれんじ

手広五丁目一―八に所在する古義真言宗寺院。山号は飯盛山、院号は仁王院。高野山無宝寿院の末寺。開創は未詳で、開山は空海とされ、長禄年間(一四五七―六〇)に善海が中興したと伝える。本尊は弘法大師像(鎖大師)。豊臣秀吉が小田原城攻めを始めた天正十八年(一五九〇)四月の豊臣秀吉禁制が青蓮寺に残り、翌十九年十一月には関東に移ってきた徳川家康による寺領二十五石の寄進状のほか歴代将軍寄進状十二通もあ

青蓮寺山門

る。寄進状は将軍の花押の押される判物で、朱印状より重要な相手先に出される文書で、青蓮寺に対する幕府の扱いが知れる。天保四年(一八三三)正月十九日の火災により諸史料が失われ寺伝はつまびらかでない。寛永十二年(一六三五)の『関東古義真言宗本末帳』(写本)には「法談所、御朱印、寺中不入、寺領弐拾五石」とみえ、高野山の末寺で、本寺の末寺として材木座の

補陀洛寺ほか二十五を数えている。江戸時代には関東檀林三十四院の一つとなっている。末寺はその後変化しながら数を減らしていく。鎖大師像は、明治時代初期の神仏分離の際に鶴岡八幡宮所属の寺院に安置されていたのが、像みずから神社から禅宗寺院寿福寺へ移動し、そして青蓮寺住職の夢枕に鎖大師が立ち、結局古義真言宗寺院である本寺に安置されることとなったという伝説が残る。境内には、本堂・山門・鐘楼などがある。文化財は、彫刻では本堂安置の木造弘法大師坐像一軀が国の重要文化財に、木造真言八祖八軀、銅造観音菩薩立像一軀が鎌倉市の指定文化財となっている。絵画では「絹本著色両界曼荼羅図」二幅が市指定文化財。そのほか蓮唐草蒔絵箱形礼盤・黒漆華形大壇二基の工芸品が国の重要文化財。

青蓮寺本堂

東漸寺

とうぜんじ

腰越二丁目二二―一三に所在する日蓮宗寺院。山号は竜口山。輪番制を敷く藤沢市片瀬の竜口寺の輪番八ヵ寺の一つ。もと千葉県中山法華経寺の末寺。開山は日東で、本尊は日蓮上人。本堂・庫裡がある。以前当寺の境内にあった諏訪神社は、現在は江ノ島電鉄腰越駅近くに移転されている。

東漸寺本堂

仏行寺

ぶつぎょうじ

笛田三丁目二九—二三に所在する日蓮宗寺院。仏光寺とも称した。山号は笛田山。もと大町妙本寺の末寺。

仏行寺本堂

本尊は日蓮聖人像。明応四年(一四九五)三月に、仏性院日秀の創建と伝える。本堂・庫裡・山門などがある。大正十二年(一九二三)の関東大震災で七間四面の本堂が倒壊したが同年に修復された。近くの三島神社の社頭で、正月三箇日の夜に経を読み、毎月一日・十五日に題目をあげる。

法源寺

ほうげんじ

腰越五丁目一一一七に所在する日蓮宗寺院。山号は竜口山。輪番制を敷く藤沢市片瀬の竜口寺の輪番八ヵ寺の一つ。もと千葉県中山法華経寺の末寺。開山は日行で文保二年(一三一八)に創建されたという。本尊は三宝祖師像。日行は、妙音阿闍梨と通称され、松林院と号した。日蓮六老僧の一人日朗の九老僧の一人として知られる。以前本寺は現在地近くの別の地に位置していたが、現在地が竜ノ口の刑場で処刑された者たちの遺骸の捨て場所であり、時期は不明だがその供養のために移転してきたと伝える。かつて刀傷のある人骨が

法源寺本堂

出土したこともある。そのためもあり一木から二体の日蓮像を刻し竜口寺と本寺に安置したという。寛文七年(一六六七)銘の庚申塔が市の文化財に指定されている。本寺はぼたもち寺とも呼ばれ、竜ノ口法難で刑場につれてこられる日蓮に、法源寺総代の先祖である桟敷の尼がぼた餅を供養したことによるという。本堂・文殊堂・庫裡などがある。

宝善院 ほうぜんいん

腰越五丁目一三—一七に所在する古義真言宗寺院。山号は加持山、寺号は霊山寺。もと手広の青蓮寺の末寺だったが、現在は京都大覚寺の末寺となっている。本尊は薬師如来像。開山は、越中白山の開創者として知られる泰澄と伝える。本堂・大師堂・山門・庫裡などがある。本堂は、棟札によれば元禄十五年(一七〇二)十月に江島寺(江島神社の前身)の別当岩本院の甒全が、奉行が夏目七郎兵衛尉重時、大工は二階堂の大村忠兵衛尉興重のもとで再興したことが知られる。安永五年(一七七六)銘の鐘は第二次世界大戦中の金属供出により失われた。

宝善院山門

本成寺

ほんじょうじ

腰越二丁目一九―九に所在する日蓮宗寺院。山号は竜口山。輪番制を敷く藤沢市片瀬の竜口寺の輪番八ヵ寺の一つ。もと小町本覚寺の末寺。開山は日賢（一二四三―一三三八）で延慶二年（一三〇九）の草創と伝える。日賢は、日蓮の弟子で十八中老僧の一人。本尊は三宝祖師像。本堂のほか庫裡・稲荷明神などがある。

本成寺本堂

本竜寺

ほんりゅうじ

腰越二丁目二〇―五に所在する日蓮宗寺院。山号は竜口山。輪番制を敷く藤沢市片瀬の竜口寺の輪番八ヵ寺の一つ。もと大町妙本寺の末寺。開山は日行（一二六七―一三三〇）で乾元元年（一三〇二）の草創と伝える。日行は、妙音阿闍梨《あじゃり》ともいい、日蓮六老僧の一人日朗に師事し京都大妙寺や佐渡本光寺のなどを創立した日朗九老僧（九鳳）の一人。本尊は三宝祖師像。本堂・庫裡・門などがある。寺伝によれば、寺地は比企《ひき》三郎《さぶろう》高《たか》家《いえ》の旧跡という。高家は、鎌倉幕府初期の源頼朝の信任が厚かった比企能員《よしかず》の子どもといわれるが、建仁三年(一二〇三)の比企氏の乱によって比企一族は滅亡した。

本竜寺本堂

満福寺

まんぷくじ

腰越二丁目四―八に所在する古義真言宗寺院。山号は竜護山、院号は医王院。もと手広の青蓮寺の末寺だったが、現在は京都大覚寺の末寺となっている。本尊は薬師如来像。開山は行基と伝え、中興開山は高範。文治元年(一一八五)五月に源義経が兄頼朝に面会をするべく京より鎌倉に向かい、鎌倉にはいることを許されずに当寺に逗留し、いわゆる腰越状を書いたという伝承が残る。腰越状は弁慶筆とも伝え、本寺には弁慶が書いたとされる下書きや、墨すりの水を汲んだという硯池や腰掛石と称するものなどがある。義経逗留の伝承は、寛永十年(一六三三)成立の『関東古義真言宗本末帳』には「海北山万福寺、源義経於此寺腰越申状被書之」とみえ、この時代にはすでに伝承が知られていたことがわかる。本堂・鐘楼・地蔵堂・山門・庫裡などがある。大正十二年(一九二三)の関東大震災では本堂・鐘楼・山門が全壊、庫裡が半壊し、本堂は昭和六年(一九三一)に再建された。また、境内には義経公慰霊碑が建てられている。

満福寺参道

腰《こし》越《ごえ》状《じょう》　文治元年(一一八五)五月二十四日、源義経が兄頼朝の誤解を解くため、相模国腰越駅(神奈川県鎌倉市)で大江広元に出した書状。頼朝の挙兵に合流した義経は、頼朝の代官として木曾義仲を追討、さらに一ノ谷・屋島・壇ノ浦などの合戦で平家一門を滅ぼした。その際、軍中専断のこともあり、軍目付として派遣された梶原景時と対立し、しかも義経は許可なく叙位任官されたため、頼朝の不興を買った。平家滅亡後、義経は平宗盛らを伴って鎌倉に向かったが、頼朝は鎌倉に入ることを許さず、義経は腰越で逗留することになった。この時、頼朝の勘気を晴らすため、現在の心境を書き記した手紙を広元に送り救解を依頼した。それは平治の乱以後の流浪の日々のこと、任官が源家の名誉となること、己れには何の野心もないことなどを吐露したものであった。しかし、頼朝の勘気は氷解せず、かえって義経への迫害が続くなかで、義経は頼朝追討を試みることになる。なお、『吾妻鏡』

文治元年五月二十四日条には腰越状が記載され、さらに腰越の満福寺には弁慶筆といわれる写が残されている。ただし真偽のほどは不明。

（岡田　清一）

三島神社

みしまじんじゃ

笛田三丁目三一―一に鎮座。祭神は大山津見命《おおやまずみのみこと》。笛田の鎮守で、旧村社。勧請年月日は不詳。以前は字宮ノ崎にあったが、水上にまつるようにとの神託により字萩ノ郷九二四番地に移転し、その後現在地に再移転したと伝える。仏光寺（笛田字上庭の仏行寺の前名）管理下にあった。本殿・拝殿などがあり、棟札には常敬院日量が元治元年（一八六四）十一月に再建したとの旨が記されている。社頭では、仏行寺の僧により正月三箇日の夜に経が読まれ、毎月一日・十五日に題目があげられる。

三島神社

妙典寺

みょうてんじ

腰越二丁目二〇―五に所在する日蓮宗寺院。山号は竜口山。輪番制を敷く藤沢市片瀬の竜口寺の輪番八ヵ寺の一つ。もと大町妙本寺の末寺。本尊は三宝祖師像。正和二年（一三一三）の開創で、開山は阿闍梨《あじゃり》天目《てんもく》と伝える。本堂・庫裡・門などがある。谷戸の奥の岩山を切り開いた地にあり、かつては「腰越の谷戸寺」とも呼ばれた。

妙　典　寺

竜口明神社

りゅうこうみょうじんしゃ

腰越一五四八―四に鎮座。祭神は玉依《たまより》比売《ひめ》命《のみこと》。津村の鎮守で旧村社。勧請年月は欽明天皇十三年四月と伝え

竜　口　明　神　社

る。神体は、五頭の竜形で、縁起によれば、この竜は深沢に棲んでおり、江島弁財天の霊威に降伏したという伝承がある。前立の白髭明神は現在は宝物となっている。『新編相模国風土記稿』によれば、津・腰越両村の鎮守であって、社地は片瀬・津・腰越の境界地で所属が未確定であったが、社地は片瀬村に、境内と保安林は飛び地の津となっていた。神社は津村の宝善院の管理下にあった。大正十二年(一九二三)の関東大震災では社殿が半潰したが、昭和八年(一九三三)に修復した。同五十三年、氏子らによって現在の地に移された。例祭は十月第一または第二土・日曜日。

霊光寺

れいこうじ

七里ガ浜一丁目一四—五に所在する日蓮宗寺院。山号は竜王山。もと霊光殿といい、昭和三十二年(一九五七)十月改称した。本尊は三宝諸尊。寺地は日蓮が雨乞いを行なったところで、第二次世界大戦前には雨乞いの日蓮像があったが、戦時の金属供出の命により供出した。その後首のみ戻され、安置されている。本堂

霊光寺本堂

などがある。寺地から東側に斜面を下ったところに、日蓮聖人雨乞霊跡の碑が建てられている。

鎌倉市外

腰越港から見た江ノ島

江島神社

えのしまじんじゃ

神奈川県藤沢市江の島二丁目三—八に鎮座。旧県社。日本三大弁財天の一つ。『梅花無尽蔵』に「日本三処弁才天之一也」とみえ、厳島・竹生島とならび称せられた。お岩屋と三宮より成る。お岩屋は海蝕洞窟で天照皇大神・須佐之男命と三宮の祭神を、本宮は奥津宮といい、多紀理毘売命《たぎりひめのみこと》を、上ノ宮は中津宮といい、市《いち》寸島比売命《きしまひめのみこと》を、下ノ宮は辺津宮といい、田寸津比売命《たぎつひめのみこと》を祀る。宗像三神と同じく海上交通の神である。神仏分離以前は岩本院が本宮を預かり、一山の総別当で金亀山与願寺と号した。『吾妻鏡』に寿永元年(一一八二)四月、源頼朝祈願のため文覚が弁財天をこの島に勧請したことがみえる。以来武家・庶民の尊崇あつく、特に後北条氏の厚い外護をうけた。江戸時代には本宮十五石、上ノ宮十石、下ノ宮十石八斗余の朱印地を寄進され、庶民の参詣も盛んであった。例祭は四月初巳の日、宝物には神奈川県重要文化財の八臂弁財天像のほ

江島神社辺津宮

か、裸弁財天像などがある。なお、岩本院・金亀院の住職たちの墓は、鎌倉市腰越の宝善院の境内にある。

参考文献　『新編相模国風土記稿』一〇六(『大日本地誌大系』)、『藤沢市史』四　（貫　達人）

清浄光寺

しょうじょうこうじ

神奈川県藤沢市西富一丁目八―一にある。時宗総本山。創建当初藤沢山清浄光院といった。のちに清浄光寺と改称。別名藤沢道場・藤沢寺。今では遊行《ゆぎょう》寺の名で知られる。正中二年(一三二五)正月、時宗開祖一遍の孫弟子遊行四代呑海が、遊行を隠退したのち、実兄俣野五郎景平の助力を得て開山。それより隠退した遊行上人の閑居の地となり、代々の住持を藤沢上人という。元弘三年(一三三三)五月、鎌倉幕府が滅んだ時、住持遊行五代安国が、戦いの様子や寺僧の教化活動を報じた書状が残っている(長野県佐久市金台寺蔵)。延文元年(一三五六)梵鐘が鋳造され、伽藍が完成したことがわかる。その銘文にはじめて「藤沢」の地名がみえる。

清浄光寺本堂

藤沢敵御方供養塔

本寺の境内にある応永二十五年(一四一八)に建立された上杉禅秀の乱の慰霊碑「藤沢敵御方供養塔」は仏教の博愛精神のあらわれとして名高い。室町時代は将軍や鎌倉公方の帰依を受け寺運は栄えた。永正十年(一五一三)正月二十九日、北条早雲と三浦道寸(義同)との兵火で寺は全焼。寺領は後北条氏に押えられ再建できず、廃墟のまま江戸時代を迎えた。天正十九年(一五九一)徳川家康は寺領百石を寄進。慶長十二年(一六〇七)三十二代普光の時、諸堂完成、一世紀ぶりに再興が実現した。封建支配の枠の中で、清浄光寺は時宗教団の本山としての地位が確立された。慶長十八年三月、幕府は遊行三十四代燈外に、伝馬五十匹の御朱印を与えた。これにより江戸時代三百年間、幕府・諸大名の保護下に全国遊行が続けられた。清浄光寺は遊行上人の寺として、遊行寺と呼ばれるようになった。門前町藤沢は東海道の重要な宿場であったから、江戸時代を通じて寺は大いに繁栄した。明治十三年(一八八〇)、同四十四年の火災、大正十二年(一九二三)関東大地震の被害で古い建築物は皆無。寺宝、『時衆過去帳』、『安食問答』、『六時居讃』、「後醍醐天皇像」、「一向上人像」(以上、国重要文化財)、「色紙金字阿弥陀経」(重要美術品)、『一遍上人絵詞伝』、「二河白道図」(以上、県重要文化財)などがある。

参考文献　『遊行寺宝物館図録』、藤沢市文書館編『時宗総本山清浄光寺文書目録稿』一・二(『藤沢市資料所在目録稿』一二)、『藤沢市史』五、橘俊道『遊行寺』(『藤沢文庫』一)、寺沼琢明『一遍上人と遊行寺』(『日本

仏教の心』九)、河野憲善「藤沢道場創建について」(『印度学仏教学研究』一八ノ一)

(橘　俊道)

称名寺

しょうみょうじ

横浜市金沢区金沢二一二にある寺。金沢山称名寺と号す。真言律宗、別格本山。西大寺末。本尊弥勒菩薩(重要文化財)。金沢《かねざわ》北条氏一門の菩提寺で、草創の時期を明らかにしないが、金沢氏の祖、北条実時が六浦荘金沢の居館内に営んだ持仏堂から発したと推定されている。正嘉二年(一二五八)実時の堂廊において、伝法灌頂の儀式がとり行われた。これは、多分、現在実時の持仏と伝えられる阿弥陀三尊を安置した持仏堂で行われたのであろう。この持仏堂は、文応元年(一二六〇)実時亡母七回忌ころまでには念仏の寺として独立していたらしく、弘長二年(一二六二)西大寺叡尊が鎌倉に下向した際の『関東往還記』には、称名寺と号し、別当を置く不断念仏の寺であると記している。実時は叡尊に深く帰依し、文永四年(一二六七)下野薬師寺から妙性房審海を開山として迎え、寺を真言律宗に改めた。建治二年(一二七六)弥勒菩薩立像造立、弘安七年(一二八四)『称名寺規式』が制定され、ここに称名寺の基礎が定まった。実時の子顕時の時代には、弥勒堂・灌頂堂・三重塔などが建立され発展の一途をたどった。文保元年(一三一七)、当時、鎌倉幕府の連署の地位にあった第三代の当主貞顕は、称名寺二代長老明忍房釼阿と力を併せ、伽藍の再造営を行い、元亨三年(一三二三)には、苑池を中心として、弥勒来迎壁に荘厳された金堂をはじめ、講堂・仁王門など、七堂伽藍を備えた壮麗な浄土曼荼羅にもとづく寺観を呈するに至った。その有様は、『称名寺絵図並結界記』(重要文化財)によりうかがうことができる。このようにして寺容が整うとともに、寺院の活動も、審海のあとを

称名寺

山　　門

釈　迦　堂

境　　内

北条実時墓

本　　堂

うけて、二代釼阿、三代湛睿と学匠が相つぎ、寺内においてはしばしば講座が開かれ、金沢学校といわれるほどであった。また、寺領も実時以来、金沢氏一門による寄進が行われ、全国的に散在したが、寺領のほかに、顕時の時代から「寺用」と称する制度を定め、金沢一門の所領から米銭を収納し、寺院経営の費用にあてた。しかし、元弘三年(一三三三)金沢北条氏の滅亡とともに寺運は傾き、室町時代にはまだかなりの規模を維持していたが、江戸時代に入ると大きく衰退し、創建当時の堂塔の姿を失った。大正十一年(一九二二)称名寺境内は国指定の史蹟となったが、昭和四十七年(一九七二)、寺域背後の丘陵が、大きな宅地開発の影響をうけたので、歴史的景観の保持のため追加指定が行われた。これを契機として、同五十三年から『称名寺絵図』にもとづく浄土式庭園の復元工事が実施され、貞顕時代に作庭された往時の苑池の姿がつぎつぎと発見された。なお、境内には実時廟所、顕時・貞顕墓所、称名寺世代塔が存する。所蔵文化財は、金堂・仁王門などの安置分を除き、大半は神奈川県立金沢文庫に寄託保管・展示されている。そのうち国・県の指定文化財は、国宝「北条実時像」『文選集注』、国重要文化財清凉寺式釈迦如来・青磁壺、県重要文化財「三千仏図」など三十三件百十九点に達し、武家文化の粋を集めたものとして注目されている。

参考文献　金沢文庫編『金沢文庫古文書』、『神奈川県史』資料編二・三上、関靖『金沢文庫の研究』、舟越康寿「金沢称名寺々領の研究」(『横浜市立大学紀要』B四・五合併号)、同「称名寺々領の研究続編」(同一〇)、同「金沢称名寺々領の研究(第三篇)」(同一三)　（前田　元重）

金沢文庫《かねさわぶんこ》　鎌倉時代の建治元年(一二七五)ころ、鎌倉幕府きっての好学の武将北条実時が武蔵国六浦荘金沢(横浜市金沢区)の領内に設けた文庫。実時は幼少時から読書を好んだが、幕府の要職についてからは、儒者の清原教隆について漢籍の訓説を受け、治世の指針とした。『源氏物語』『令集解』『群書治要』『白氏文集』など実時自筆の奥書が認められる書物が各地に現存している。書物を愛し、学問を尊ぶ気風は子の顕時、孫の貞顕らにも受け継がれ、鎌倉時代末期には、蔵書が千字文で整理され、また親類や知人に貸出ができるほどに蔵書の充実をみた。元弘三年(一三三三)、北条氏一門が滅亡したのち、外典を中核とする文庫本は称名寺に移され、仏教の書物とともに管理された。外典は室町時代には足利氏の管理下に置かれた。そのころから、蔵書の一部に「金沢文庫」の墨印が押されるようになった。江戸時代以降、蔵書はしばしば寺外に持ち出されるようになった。江戸時代後期、書物奉行の近藤重蔵が文庫本の調査に手を染め、文庫復興の企てを図ったが実現に至らなかった。昭和五年(一九三〇)、大橋新太郎氏の支援によって県立金沢文《かなざわぶん》庫《こ》が復興され、称名寺から宋版一切経・古書・古文書・美術品などが寄託された。平成二年(一九九〇)に金沢文庫は改築され、わが国中世の貴重な文化財を保管し、調査し、展示する歴史系の博物館施設として運営されている。『金沢文庫研究』『金沢文庫研究紀要』『金沢文庫資料全書』などには、他に伝来しない中世の珍しい資料などが紹介されており、歴史・仏教・美術を学ぶ人人の間で活用されている。

参考文献　関靖『金沢文庫の研究』、納冨常天『金沢文庫資料の研究』、西岡芳文「金沢文庫の歴史」(『文明のクロスロード』五五)、太田晶二郎「金沢文庫に関する一史料」(『太田晶二郎著作集』二所収)

(高橋　秀栄)

称名寺の文化財　国の重要文化財に指定されている『称名寺絵図並結界記』が所蔵されている。本図は元亨三年(一三二三)の成立で、金堂・講堂・両界堂・僧坊・三重塔・方丈など二十余の堂宇が描かれ、これら浄域と墓所や骨堂などの不浄の地域との区別を朱線で示し結界を明らかにしている。鎌倉時代末期の七堂伽藍を備えた律宗寺院の姿を伝える貴重な文化財となっている。

参考文献 『鎌倉の古絵図』一(『鎌倉国宝館図録』一五)

浄楽寺

じょうらくじ

神奈川県横須賀市芦名二丁目三〇―五にある寺院。浄土宗。寺伝は源頼朝が父の菩提のため建立した鎌倉の勝長寿院(大御堂、本尊は成朝作阿弥陀三尊)を、のち二位禅尼平政子(北条政子)が和田義盛をして芦名に移さしめたと伝える。本尊阿弥陀如来坐像および脇侍観世音菩薩立像・勢至菩薩立像は重要文化財。木造、運慶作、鎌倉時代。各像内に梵字宝篋印陀羅尼の墨書がある。また、不動明王立像・毘沙門天立像はともに重要文化財。木造、運慶作、鎌倉時代。像内にそれぞれ木造月輪形銘札納入。おのおのに種子および梵字宝篋印陀羅尼および「文治五年(己酉)三月廿日(庚戌)大願主平義盛芳縁小野氏/大仏師興福寺内相応院勾当運慶小仏師十人/執筆金剛仏子尋西浄花房」の墨書がある。

参考文献 神奈川県教育委員会編『神奈川県文化財図鑑』四

(赤星　直忠)

神武寺

じんむじ

神奈川県逗子市沼間二丁目一四〇二にある寺。天台宗。比叡山延暦寺末。もと鎌倉宝戒寺末。医王山来迎院と号す。鎌倉時代初期は神嵩《じんだけ》・寺務寺とも称した。本尊薬師三尊像。縁起では神亀元年(七二四)行基の創建で、中興は慈覚大師という。鎌倉時代には源頼朝・政子・実朝らが厚く信仰し諸堂の修造につとめた。室町時代

神武寺薬師堂

初期には荘厳をきわめたが、永正四年（一五〇七）や近世の再三の罹災で衰退した。現在の寺容は山門・客殿・鐘楼・楼門・本堂（薬師堂）などで、墓地（やぐら）には正応三年（一二九〇）銘の石造弥勒菩薩坐像を安置する。また、本寺には江戸時代の様子を伝える「紙本着色神武寺境内図」がある。

参考文献　『改訂逗子町誌』、逗子市教育委員会編『逗子市文化財調査報告書』一、『鎌倉の古絵図』二（『鎌倉国宝館図録』一六）

（三浦　勝男）

竜口寺

りゅうこうじ

神奈川県藤沢市片瀬三丁目一三－三七に所在。寂光山と号する日蓮宗霊跡寺院の一つ。本尊は日蓮像と曼荼羅。『日蓮聖人註画讃』は文永八年（一二七一）九月、処刑されようとした日蓮の法難跡を記念して弘安ごろ六老僧が創建したと伝えるが、開創は室町時代初期で、竜口院がその前身とみられる。当寺は特定の住職を置かず子院八ヵ寺の住職が輪番で務めていたが、明治十九年（一八八六）廃止。本堂・題目堂・客殿・五重塔な

竜口寺

どが現在の主な建物である。なお、輪番八ヵ寺は鎌倉市腰越の勧行寺・東漸寺・法源寺・本成寺・本竜寺・妙典寺、藤沢市片瀬の常立寺・本蓮寺で、現存している。

参考文献『古事類苑』宗教部四、『新編相模国風土記稿』一〇五（『大日本地誌大系』）、『藤沢市史』四、鈴木棠三・鈴木良一監修『神奈川県の地名』（『日本歴史地名大系』一四）、「角川日本地名大辞典」編纂委員会編『角川日本地名大辞典』一四

（三浦　勝男）

竜口《たつのくち》法難《ほうなん》　文永八年（一二七一）九月十二日侍所所司平頼綱の指揮により逮捕された日蓮が相模竜口（神奈川県藤沢市片瀬）の刑場で斬首されようとした事件。「りゅうこう」法難ともいう。鎌倉幕府は翌九月十三日に九州に所領をもつ関東在住の御家人に九州に下向して蒙古防衛体制下に入ることと所領内の悪党の鎮圧を命じた。これより先、日蓮は蒙古襲来への不安を深める鎌倉の人びとに法華信仰を勧めるとともに、浄土教・禅宗・律宗を強く批判、門弟もその言動を師日蓮にならって急進化させた。それは、悪党における反秩序的な言動としてうけとられるものであった。日蓮とその門弟への弾圧（文永八年の法難）は、幕府の膝

下鎌倉における悪党的言動を行う日蓮らを鎮圧するためであったと考えられる。なかでも日蓮は、その張本として斬首されようとした。このときの状況については、真蹟曾存とされる『種々御振舞御書』に詳しいが、真蹟現存遺文では「外には遠流と聞しかども、内には頸を切と定ぬ」(『下山抄』)、「九月十二日佐渡の国へ配流、又頭の座に望」(『聖人御難事』)のように簡単に記されている。斬首の危難を免れたのは、安達泰盛の女で北条時宗の妻が貞時を懐妊中であったためとされている。この泰盛に書を通じて近かった日蓮の檀越大学三郎の泰盛への働きかけも考えられることである。のち竜口には、竜口院(竜口寺)がその霊跡として建立され、近隣日蓮宗寺院が輪番で守ってきた。

参考文献　山川智応『日蓮聖人伝十講』、川添昭二『日蓮—その思想・行動と蒙古襲来—』、相田二郎『蒙古襲来の研究』、高木豊『日蓮とその門弟』、『藤沢市史』一

(高木　豊)

鎌倉大仏の謎（歴史文化ライブラリー）

塩澤寛樹著　四六判・二七二頁／一八九〇円

「古都のシンボル」鎌倉の大仏は、いつ、誰が、何のために、どのように造ったのか明らかになっていない。政治と宗教の関係、銅造以前に存在した木造大仏、倒壊を繰返した大仏殿など、文献と彫刻史の両面から謎に挑む。

史跡で読む日本の歴史 ⑥ 鎌倉の世界

高橋慎一朗編　四六判・二八六頁・原色口絵四頁／二九四〇円

東国に成立した武家政権は、人・物・情報の全国的大移動を促し、交通・産業の発展をもたらした。都市鎌倉、荘園と居館、鎌倉仏教、金沢文庫、元寇防塁、南北朝遺跡など、主要な関連史跡から、躍動する人々の姿を再現。

鎌倉・横浜と東海道（街道の日本史）

神崎彰利・福島金治編　四六判・三〇四頁・原色口絵四頁／二六二五円

坂東武士の鎌倉、みなと横浜、湘南と東海道。風光明媚な相模国に展開した歴史を再現。鎌倉幕府の盛衰、相模野・丹沢の村々の暮しや黒船来航と浦賀、軍港ヨコスカなどを辿り、鳴立庵・鎌倉文化人に豊かな文化を発見する。

（価格は5％税込）

吉川弘文館

鎌倉 古寺を歩く　宗教都市の風景（歴史文化ライブラリー）

松尾剛次著　四六判・二二四頁／一七八五円

武家の都として知られる鎌倉の、宗教都市としての側面に光を当てる。僧侶や暗躍する陰陽師の実像を描き、多くの怨霊鎮魂の寺がある、知られざる宗教世界を解明。寺社を宗派別に収録・網羅した、格好の散歩の手引き。

都市鎌倉の中世史　吾妻鏡の舞台と主役たち（歴史文化ライブラリー）

秋山哲雄著　四六判・二二八頁／一七八五円

「都市計画に基づく難攻不落の武士の都」。このような鎌倉のイメージは正しいのだろうか。御家人の暮らし、北条氏邸宅のありか、寺院が多い理由など、中世の鎌倉の実像に迫る。従来のイメージを覆す、新しい鎌倉都市論。

中世都市鎌倉の風景

松尾剛次著　四六判・二三二頁・口絵八頁（原色四・単色四）／二六二五円

近年の発掘成果と絵図などから武家の首都・鎌倉の実像に迫る。将軍御所の移転と都市機能との関係、中世鶴岡八幡宮や四境を探り、鎌倉と新仏教の関わりや祇園会における町衆の姿なども考え、中世都市鎌倉を再現する。

（価格は5％税込）

吉川弘文館

姉妹編

吉川弘文館編集部編

奈良古社寺辞典

四六判・函入・三六〇頁・原色口絵八頁

奈良・大和路の多くの寺院や様々な神の鎮座する神社から、一一五ヵ所を厳選。由緒や歴史、建物、仏像、宝物、年中行事などを正確に分かりやすく解説。多彩な図版と付録も充実した歴史探訪を楽しむ必携のハンドブック。

二九四〇円

京都古社寺辞典

四六判・函入・四五六頁・原色口絵八頁

古都・京都の多くの神社・寺院から二四〇ヵ所を厳選。由緒や歴史、建物・庭園などの文化財を、図版も交えて分かりやすく解説。年中行事一覧、庭園図などの付録も充実した、歴史探訪の旅を楽しむ必携のハンドブック。

三一五〇円

吉川弘文館
（価格は５％税込）

鎌倉古社寺辞典

二〇一一年(平成二十三)七月十日　第一刷発行

編　者　吉川弘文館編集部

発行者　前　田　求　恭

発行所　株式会社　吉川弘文館
郵便番号一一三―〇〇三三
東京都文京区本郷七丁目二番八号
電話〇三―三八一三―九一五一〈代表〉
振替口座〇〇一〇〇―五―二四四番
http://www.yoshikawa-k.co.jp/

印刷＝株式会社　東京印書館
製本＝誠製本株式会社
装幀＝清水良洋・黒瀬章夫

ISBN978-4-642-08060-6

索　　引

＊配列は，読みの五十音順とした．
＊項目名は太字であらわし，本見出しは先頭に「・」を付した．
＊項目のページを太字であらわし，先頭においた．
＊ａｂは，それぞれ上段・下段をあらわす．
＊子院・塔頭名には，先頭に本寺名を付して配列した．

す

せ

そ

た

ち

つ

て

と

な

に

付　　録

1　鎌倉遺跡地図
2　鎌倉年中行事一覧
3　鎌倉史跡一覧
4　鎌倉国宝・重要文化財一覧
5　鎌倉略年表
6　鎌倉幕府将軍・執権一覧
7　鎌倉廃寺
8　鎌倉五山・十刹一覧
9　鎌倉三十三所一覧
10　鎌倉十井・十橋一覧
11　鎌倉関係用語解説
12　鎌倉関係人物略伝

付録1　鎌倉遺跡地図

甘露の井

化粧坂

稲村ヶ崎

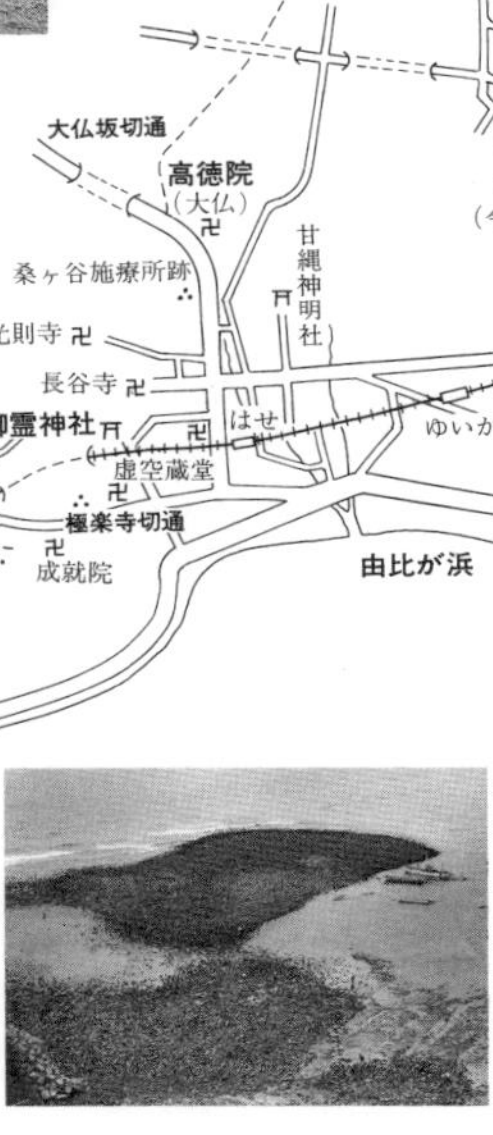

和賀江島

亀ヶ谷坂

巨福呂坂

朝比奈切通

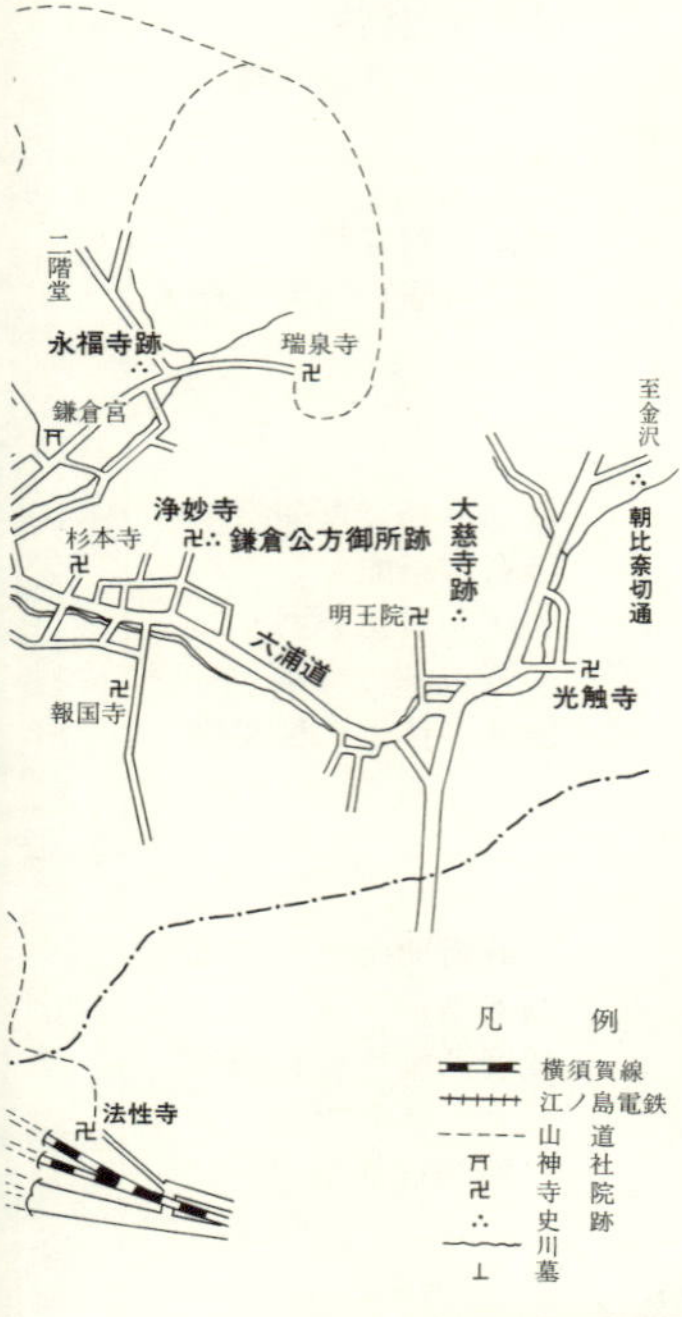

源頼朝墓

東勝寺跡(北条高時腹切やぐら)

二の鳥居

日蓮辻説法跡

大町釈迦堂口遺跡

付録2　鎌倉年中行事一覧

日	行　　事
1　月	
2	船おろし
4	鶴岡八幡宮手斧始式
4	船 祝 い
5	鶴岡八幡宮除魔神事
8	白山神社大注連祭
10	本覚寺鎌倉えびす
11	汐祭・汐神楽
13	虚空蔵堂護摩焚き供養
15	鶴岡八幡宮左義長
16	円応寺閻魔縁日
18	杉本寺初観音大護摩供
22	宝戒寺太子講
24	初 地 蔵
25	荏柄神社初天神・筆供養
25	常楽寺文殊祭
28	明王院初不動
上巳	銭洗弁天祭
2　月	
8	荏柄神社針供養
11	長勝寺大国禱会
17	鶴岡八幡宮祈年祭
上午	佐助稲荷神社初午大祭
3　月	
3	鶴岡八幡宮実朝忌奉納俳句会
彼岸明け	光則寺動物慰霊祭

日	行　　事
4　月	
2	由比若宮例祭
4	円覚寺時宗祭
13	頼朝公墓前祭
第二日曜	妙法寺扇供養
第二日曜	鶴岡八幡宮静の舞
第二日曜-第三日曜	鎌倉まつり
第三土曜	満福寺義経祭
第三日曜	鶴岡八幡宮流鏑馬神事
5　月	
5	鶴岡八幡宮菖蒲祭
5	鎌倉宮草鹿
5	妙法寺清正公祭
9	子育鬼子母神祭
22-24	宝戒寺徳崇大権現祭
6　月	
3	葛原岡神社例祭(日野俊基例祭)
7	鶴岡八幡宮今宮例祭
30	鶴岡八幡宮大祓
第二日曜	五所神社例祭
7　月	
15	建長寺梶原施餓鬼
23・24	宝戒寺地蔵祭
25	御霊神社石上さま例祭
上旬	小動神社天王祭
中旬	荏柄神社例祭

日	行　　事
下旬	光明寺献燈会・観蓮会
8　月	
9	鶴岡八幡宮実朝祭
10	四万六千日詣り
10	覚園寺黒地蔵縁日
16	円応寺閻魔縁日
19	玉縄史跡まつり
19-20	鎌倉宮例祭
23•24	建長寺開山忌
立秋前日	鶴岡八幡宮夏越祭
立秋前日から3日間	鶴岡八幡宮ぼんぼり祭
立秋	鶴岡八幡宮立秋祭
下旬	蛭子縁日
9　月	
11-13	竜口寺法難会
12	常栄寺ぼたもち供養
14-16	鶴岡八幡宮例大祭
18	御霊神社鎌倉神楽・面掛行列
彼岸明け	光則寺動物慰霊祭
28	建長寺茶筅供養

日	行　　事
10　月	
3	円覚寺開山忌
12-15	光明寺お十夜
13	瑞泉寺夢窓忌
28	鶴岡八幡宮白旗神社文墨祭
第一日曜	本覚寺人形供養
上旬	鎌倉宮薪能
11　月	
上旬	宝物風入れ
8	鶴岡八幡宮丸山稲荷お火炊祭
21	竜口寺御会式
28	円覚寺弁天祭
12　月	
16	鶴岡八幡宮御鎮座記念祭
18	長谷寺歳の市
31	鶴岡八幡宮大祓
下巳	銭洗弁財天縁日

付録3　鎌倉史跡一覧

文化財種類	名　　称	所　在　地
史　跡	朝夷奈切通	十二所
史　跡	浄妙寺境内	浄明寺
史　跡	荏柄天神社境内	二階堂
史　跡	永福寺跡	二階堂
史　跡	覚園寺境内	二階堂
史　跡	瑞泉寺境内	二階堂
名　勝	瑞泉寺庭園	二階堂
史　跡	法華堂跡(源頼朝墓・北条義時墓)	西御門
史　跡	巨福呂坂	雪ノ下
史　跡	鶴岡八幡宮境内	雪ノ下・小町・材木座
史　跡	若宮大路	小町・御成町・由比ガ浜
史　跡	東勝寺跡	小町
史　跡	大町釈迦堂口遺跡	大町
史　跡	名越切通	大町
史　跡	円覚寺境内	山ノ内
史跡・名勝	円覚寺庭園	山ノ内
史　跡	建長寺境内	山ノ内
史跡・名勝	建長寺庭園	山ノ内
史　跡	浄智寺境内	山ノ内
史　跡	明月院境内	山ノ内
史　跡	亀ヶ谷坂	扇ガ谷・山ノ内
史　跡	寿福寺境内	扇ガ谷
史　跡	浄光明寺境内・冷泉為相墓	扇ガ谷
史　跡	仮 粧 坂	扇ガ谷・佐助・山ノ内・梶原
史　跡	日野俊基墓	梶原
史　跡	北条氏常盤亭跡	常盤
史　跡	和賀江嶋	材木座
史　跡	鎌倉大仏殿跡	長谷
史　跡	大仏切通	長谷・笛田・常盤
史　跡	一升桝遺跡	極楽寺
史　跡	極楽寺境内・忍性墓	極楽寺
史　跡	伝上杉憲方墓	極楽寺
史　跡	仏法寺跡	極楽寺・坂ノ下
史　跡	稲村ヶ崎(新田義貞徒渉伝説地)	稲村ガ崎

付録4　鎌倉国宝・重要文化財一覧

所　蔵　者	種類	名　　称
安 養 院 （大町3-1-22）	重文	安養院宝篋印塔
英 勝 寺 （扇ガ谷1-16-3）	重文	木造阿弥陀如来及両脇侍像龕
荏柄天神社 （二階堂74）	重文	木造天神坐像 荏柄天神社本殿
円 覚 寺 （山ノ内409）	国宝	円覚寺舎利殿 梵　　鐘
	重文	絹本著色五百羅漢像 絹本著色被帽地蔵菩薩像 絹本著色仏光国師像 絹本著色仏涅槃図 紙本淡彩鍾馗図（山田道安筆） 紙本淡彩跋陀婆羅像（宗淵筆） 絹本著色虚空蔵菩薩像 銅造阿弥陀如来及両脇侍立像 木造仏光国師坐像（開山塔安置） 髹漆（須弥壇1基・前机1脚） 円覚寺開山箪笥収納品 青磁袴腰香炉 紙本淡彩円覚寺境内絵図 紙本淡彩富田庄図 紙本墨書円覚寺禁制（永仁２年正月日） 紙本墨書円覚寺制符（乾元２年２月12日） 紙本墨書円覚寺年中用米注進状 紙本墨書祖元書状 紙本墨書仏日庵公物目録 紙本墨書北条時宗書状 紙本墨書北条時宗書状 定額寺官符 寒山詩（五山版） 足利義満筆額字（普現・宿竜，桂昌） 印章（無学） 円覚寺文書（386通）

所　蔵　者	種類	名　　称
円応寺 （山ノ内1543）	重文	木造初江王坐像・閻魔王坐像・倶生神坐像
黄梅院（円覚寺） （山ノ内428）	重文	絹本著色夢窓国師像 紙本墨書華厳塔勧縁疏 黄梅院文書（101通）
覚園寺 （二階堂421）	重文	覚園寺開山塔 覚園寺大燈塔 木造十二神将立像 木造地蔵菩薩立像 木造薬師如来及日光菩薩・月光菩薩坐像 覚園寺文書（97通） 鎌倉覚園寺開山塔納置品・大燈塔納置品
川端康成記念会 （長谷1-12-5）	国宝	紙本淡彩十便図（池大雅筆）・紙本淡彩十宜図（与謝蕪村筆） 紙本墨画凍雲篩雪図（浦上玉堂筆）
帰源院（円覚寺） （山ノ内416）	重文	絹本著色之庵和尚像
建長寺 （山ノ内8）	国宝	絹本淡彩蘭渓道隆像 梵　　鐘 大覚禅師墨蹟（法語規則）
	重文	建長寺山門 建長寺昭堂 建長寺大覚禅師塔 建長寺唐門 建長寺仏殿 建長寺法堂 絹本著色釈迦三尊像 絹本著色大覚禅師像 絹本著色大覚禅師像（経行像） 絹本墨画観音像 絹本著色十六羅漢像 紙本墨画喜江禅師像 木造伽藍神像 木造北条時頼坐像 黒漆須弥壇 大覚禅師墨蹟

所　蔵　者	種類	名　　　称
建 長 寺 （山ノ内8）	重文	和漢年代記 紙本墨書西来庵修造勧進状（玉隠筆） 金剛般若経（蘭渓道隆筆）
光 触 寺 （十二所793）	重文	紙本淡彩頬焼阿弥陀縁起 木造阿弥陀如来及両脇侍立像
高 徳 院 （長谷4-2-28）	国宝	銅造阿弥陀如来坐像
光 明 寺 （材木座6-17-19）	国宝	紙本著色当麻曼荼羅縁起
	重文	光明寺本堂 絹本著色十八羅漢及僧像 絹本著色当麻曼荼羅図 紙本著色浄土五祖絵（善導巻） 紙本著色浄土五祖絵伝
極 楽 寺 （極楽寺3-6-7）	重文	極楽寺五輪塔 極楽寺忍性塔 木造釈迦如来坐像 木造釈迦如来立像 木造十大弟子立像 木造不動明王坐像 金銅密教法具 鎌倉極楽寺忍性塔納置品 銅骨蔵器（2合）・金銅五輪塔・褐釉小壺・黄釉小壺
茶道宗偏流不審庵 （浄明寺5-1-23）	重文	旧一条恵観山荘（旧所在京都府京都市北区西加茂川上町）
寿 福 寺 （扇ガ谷1-17-7）	重文	銅造薬師如来坐像（鶴岡八幡宮伝来） 木造地蔵菩薩立像 喫茶養生記（上下）
浄光明寺 （扇ガ谷2-12-1）	重文	浄光明寺五輪塔 木造阿弥陀如来及両脇侍坐像 浄光明寺敷地絵図
浄 智 寺 （山ノ内1402）	重文	木造地蔵菩薩坐像 紙本墨書西来庵修造勧進状（玉隠筆）
正統院（建長寺） （山ノ内92）	重文	木造高峰顕日坐像

所　蔵　者	種類	名　　　称
浄 妙 寺 （浄明寺3-8-31）	重文	木造退耕禅師坐像
常 楽 寺 （大船5-8-29）	重文	銅　　鐘
青 蓮 寺 （手広5-1-8）	重文	木造弘法大師坐像（本堂安置） 蓮唐草蒔絵箱形礼盤・黒漆華形大壇
瑞 泉 寺 （二階堂710）	重文	木造夢窓国師坐像
杉 本 寺 （二階堂903）	重文	木造十一面観音立像（伝僧円仁作） 木造十一面観音立像（伝僧源信作）
蔵六庵（円覚寺） （山ノ内419）	重文	大休正念法語（弘安元年５月）
続燈庵（円覚寺） （山ノ内431）	重文	銅造仏応禅師骨壺
鶴岡八幡宮 （雪ノ下2-1-31）	国宝	古神宝類 古神宝類 太刀（銘正恒） 籬菊螺鈿蒔絵硯箱
	重文	鶴岡八幡宮上宮 鶴岡八幡宮摂社若宮 鶴岡八幡宮大鳥居（一の鳥居） 鶴岡八幡宮末社丸山稲荷社本殿 木造舞楽面（陵王・散手・貴徳鯉口，貴徳番子・二ノ舞） 木造弁才天坐像 木造菩薩面 太刀（各銘相州住綱広作，綱家作，康国作） 太刀（金銘国吉） 太刀（銘長光） 紙本墨書鶴岡社務記録 紙本墨書鶴岡八幡宮修営目論見絵図 鶴岡八幡宮文書（224通）
伝宗庵（円覚寺） （山ノ内483）	重文	木造地蔵菩薩坐像（本堂安置）

所　蔵　者	種類	名　　　称
東 慶 寺 (山ノ内1367)	重文	木造聖観音立像 初音蒔絵火取母 葡萄蒔絵螺鈿聖餅箱 東慶寺文書
常盤山文庫 (笹目町4-3)	国宝	清拙正澄墨蹟(遺偈, 暦応2年正月17日) 馮子振墨蹟(画跋)
	重文	紙本淡彩送海東上人帰国図 紙本淡彩帰郷省親図 紙本金地著色犬追物図 絹本著色柿本人麿像(詫磨栄賀筆) 紙本墨画拾得図 紙本墨画叭々鳥図(雪村筆) 木造聖観音立像 朱漆輪花天目盆 竺仙梵僊墨蹟(与潜渓謙入祖堂語, 壬午(康永元年)5月4日) 退耕徳寧墨蹟(上堂語, 景定壬戌) 蘭渓道隆墨蹟(諷誦文) 大休正念墨蹟(尺牘) 宗峰妙超筆消息(11月8日, 祐公庵主宛) 剣門妙深墨蹟(与聖一国師尺牘, 淳祐己酉4月望日) 断谿妙用墨蹟(白雲雅号偈, 咸淳己巳) 無等恵融墨蹟(与簡上人法語) 済川若楫墨蹟(与山叟慧雲尺牘) 中峰明本墨蹟(与済侍者警策) 石室善玖墨蹟(拈香語, 貞治2年2月25日) 友雲士思、月江正印墨蹟(唱和偈) 仏鑑禅師墨蹟(禅院牌字「巡堂」, 東福寺伝来) 無学祖元墨蹟(重陽詩, 弘安2年臘八) 古剣智訥墨蹟(拈香語) 足利尊氏自筆願文(建武3年8月17日, 清水寺宛)
白雲庵(円覚寺) (山ノ内462)	重文	木造東明禅師坐像
長 谷 寺 (長谷3-11-2)	重文	銅造十一面観音懸仏 梵　　鐘

所　蔵　者	種類	名　　　称
宝 戒 寺 (小町3-5-22)	重文	木造歓喜天立像 木造惟賢和尚坐像 木造地蔵菩薩坐像
報 国 寺 (浄明寺2-7-4)	重文	東帰集(伝仏乗禅師筆) 紙本墨書仏乗禅師度牒・仏乗禅師戒牒
松ヶ岡文庫 (山ノ内1375)	重文	新編仏法大明録(自巻第1至第9, 自第13至第17, 第20)
妙 本 寺 (大町1-15-1)	重文	雲　　版
明 月 院 (山ノ内189)	重文	紙本著色玉隠和尚像 木造上杉重房坐像 紙本淡彩明月院絵図(氏満の花押あり)
竜 宝 寺 (植木129)	重文	旧石井家住宅(旧所在神奈川県鎌倉市関谷)
個人 個人 個人 個人 個人 個人 個人 個人 個人 個人 個人 個人 個人 個人 個人	重文	宝篋印塔 紙本著色紫式部日記絵詞残闕 絹本著色八字文殊曼荼羅図 木造千手観音立像 黒紅地熨斗藤模様繍箔小袖 剣(銘光忠) 太刀(無銘伝光忠) 太刀(銘大和国尻懸住則長作) 太刀(銘備前国長船住守家造, 文永9年壬申2月25日) 銅　　鐘 大唐三蔵玄奘法師表啓 紙本墨書亀山天皇宸翰御消息(嘉元3年8月5日) 伏見天皇宸翰御消息(9月26日) 伝藤原佐理筆賀歌絹地切(うこきなき) 紫紙金字金光明最勝王経巻第7

付録5　鎌倉略年表

西暦	和　暦	事　　　　項
710	和銅3	平城京遷都
734	天平6	大倉観音堂（のちの杉本寺），行基により創建される（鎌倉で最古の寺院）
736	8	長谷寺が創建される
784	延暦3	長岡京遷都
794	13	平安京遷都
1063	康平6	源頼義が石清水八幡宮の分霊を勧請し，由比若宮を起す
1081	永保元	由比若宮，源義家により修復される
	永保年間	新羅三郎義光，京都祇園社を勧請する（現在の八雲神社（大町））
1104	長治元	荏柄神社が勧請される
1156	保元元	保元の乱
1159	平治元	平治の乱
1180	治承4	源頼朝が由比に勧請した石清水八幡宮を北山に遷座し，鶴岡八幡宮の礎とする
1182	寿永元	若宮大路・段葛が造られる
1185	文治元	壇ノ浦で平家滅亡．源義経，鎌倉に向かうが頼朝に拒まれ，満福寺で腰越状を書く．勝長寿院，源義朝の供養のため建立される
1187	3	鶴岡八幡宮で放生会と流鏑馬が行われる
1188	4	浄妙寺前身の極楽寺が創建される
1189	5	義経，衣川で没．永福寺が建立される
	文治年間	小動神社，近江より勧請される
1190	建久元	御霊神社（梶原）が創建される．頼朝が上洛する
1191	2	鶴岡八幡宮，大火により諸社殿を焼失する．頼朝，復興開始．栄西，南宋より帰国して臨済宗を伝える．白山神社が建立される
1192	3	頼朝，征夷大将軍となる．永福寺落慶供養が行われる
1198	9	法然が『撰択本願念仏集』を，栄西が『興禅護国論』を著す
	建久年間	五社稲荷神社が創建される
1200	正治2	寿福寺が創建される．長谷寺，大江広元により再建される
1203	建仁3	比企氏の乱が起る．頼家が伊豆に幽閉され，実朝が将軍となる
1213	建保元	和田氏の乱が起る
1214	2	大慈寺の開堂供養が行われる．鎌倉で洪水と地震が起る
1218	6	大倉薬師堂（のちの覚園寺），北条義時により建立される
1219	承久元	実朝が公暁に殺害される．成就院が創建される
1221	3	承久の乱が起る
1227	安貞元	道元，宋より帰国して曹洞宗を広める

西暦	和　暦	事　　　　項
1232	貞永元	御成敗式目が制定される．成福寺が創建される
1235	嘉禎元	明王院が創建される
1237	3	東勝寺，北条泰時により建立される
1238	暦仁元	深沢に大仏が建立される
1243	寛元元	大仏殿の落慶供養が行われる．蓮華寺が建立され，のち光明寺に改められる
1245	3	鎌倉で大地震が起る．
1247	宝治元	鶴岡八幡宮今宮，後鳥羽天皇の怨霊を鎮めるために建立される．宝治合戦が起る．道元，北条時頼より鎌倉に招かれる
1249	建長元	建長寺が創建され，建長5年に落成する
1251	3	鎌倉で大火．浄光明寺が創建される
1252	4	金銅の阿弥陀如来像(鎌倉大仏)の鋳造が始まる
1253	5	日蓮，松葉ヶ谷に庵を建てる(のちの安国論寺，妙法寺(大町))
1257	正嘉元	鎌倉で大地震が起る
1258	弘安 8	東慶寺が開創される
1259	正元元	極楽寺が現在地に移される
1260	文応元	日蓮，『立正安国論』を著し，北条時頼に献上．妙本寺が創建される
1261	弘長元	日蓮，伊豆に流される．忍性，鎌倉に入る
1262	2	叡尊，鎌倉に入る
1267	文永 4	忍性，極楽寺に常住する
1268	5	このころ，禅興寺が創建される
1271	8	日蓮，幕府により捕らえられ(竜口法難)，佐渡に配流される
1274	11	日蓮，鎌倉に戻されるが甲斐身延山に入る．文永の役が起る．大巧寺，真言宗から日蓮宗へ改宗する
1275	建治元	極楽寺，火災に遭うが，忍性により復興される
1278	弘安元	光触寺が創建される
1281	4	弘安の役が起る
1282	5	円覚寺が創建される．一遍，鎌倉入りを拒まれる
1285	8	霜月騒動が起る．円覚寺舎利殿が建立される
1287	10	円覚寺で火災が起る
	弘安年間	浄智寺が草創される
1293	永仁元	関東で大地震が起り，建長寺がほぼ全焼する
1295	3	勝長寿院，焼亡する
1296	4	鶴岡八幡宮，焼亡する．覚園寺が建立される
1297	5	永仁の徳政令
1300	正安 2	このころ，建長寺が再建される
1301	3	鎌倉で大火

西暦	和　暦		事　　　　項
1302	乾元元		鎌倉名越で大火．本竜寺が草創される
1303	嘉元元		勧行寺が創建される
1305	3		鎌倉で大地震が起る
1308	延慶元		建長寺・円覚寺が定額寺となる
1310	3		鎌倉で大火
1313	正和 2		上行寺が創建される
1315	4		鎌倉で大火．建長寺が焼失
1318	文保 2		法源寺が創建される
1321	元亨元		崇寿寺が創建される
1324	正中元		正中の変
1325	2		清浄光寺(遊行寺)が開山する
1327	嘉暦 2		夢窓疎石が浄智寺に入り，ついで瑞泉院(瑞泉寺前身)を建てて移住する
1328	3		夢窓疎石，偏界一覧亭を建てる
1333	正慶 2	元弘 3	鎌倉幕府滅亡．北条高時ら東勝寺で自刃
1334	建武元		建武の新政
1335	2		中先代の乱
1336	3	延元元	足利尊氏，建武式目制定．後醍醐天皇，吉野へ移る(南北朝分立)
	建武年間		小動神社，新田義貞により再興される
1338	暦応元	延元 3	足利尊氏，征夷大将軍となる
1341	4	興国 2	建長寺，五山第一位に列せられる
1354	文和 3	正平 9	宝戒寺の寺容が整う
1357	延文 2	12	妙法寺が建立される
1373	応安 6	文中 2	鎌倉五山の制が定まる
1374	7	3	円覚寺，大火災に遭う
1383	永徳 3	弘和 3	このころ，明月院が創建される
1392	明徳 3	元中 9	南北朝統一
1394	応永元		海蔵寺が創建される
1399	6		大宝寺前身の多福寺が建立される
1407	14		円覚寺が焼失する
1416	23		上杉禅秀の乱
1421	28		円覚寺で火災
	応永年間		等覚寺が創建される
1436	永享 8		本覚寺が創建される
1438	10		永享の乱が起き，鎌倉も戦火に遭う
1441	嘉吉元		嘉吉の乱が起る
1444	文安元		多福寺が再興されて大宝寺となる
1454	享徳 3		享徳の乱が始まる

西暦	和　暦	事　　　　項
1455	康正元	今川範忠軍が鎌倉に入る．鎌倉公方足利成氏，古河に移る
	長禄年間	青蓮寺が中興される
1467	応仁元	応仁の乱が起る
1486	文明18	このころ，浄妙寺が荒廃する
1495	明応 4	仏行寺が創建される
1512	永正 9	北条早雲，鶴岡八幡宮に参詣
1513	10	清浄光寺(遊行寺)，兵火により全焼
1520	17	久成寺が創建される(享禄元年開創とも)
	永正年間	このころ，東勝寺中興される
1532	天文元	鶴岡八幡宮，北条氏綱により大造営がなされる
1548	17	大長寺が創建される
1563	永禄 6	円覚寺，火災に遭い，以後頽廃する
1573	天正元	室町幕府滅亡．東勝寺，この年以降に廃寺となる
1575	3	竜宝寺，現在地に移転される
1603	慶長 8	徳川家康，征夷大将軍となる
1606	11	常栄寺が建立される
1619	元和 5	玉縄城が廃され，円光寺が現在地に移る
1626	寛永 3	徳川秀忠が鶴岡八幡宮の護摩堂などの諸堂・末社を竣工させる
1636	13	英勝寺が創建される
	寛永年間	明王院，火災に遭う．薬王寺が創建される
1647	正保 4	建長寺復旧のため，芝増上寺崇源院霊所の仏殿・唐門が移建される
1669	寛文 9	妙法寺(大町)，啓運寺の寺地と交換して現在地に移る
1689	元禄 2	徳川光圀が瑞泉寺を訪れ再興する
1735	享保20	八幡神社が創建される
1755	宝暦 5	建長寺三門が再建される
1815	文化11	建長寺法堂が再建される
1821	文政 4	鶴岡八幡宮，大火により上宮ほか諸堂を焼失する
1828	11	鶴岡八幡宮の再興が完了，正遷宮が行われる
1867	慶応 3	大政奉還
1868	明治元	戊辰戦争．神仏判然令(廃仏毀釈運動始まる)
1869	2	鎌倉宮，護良親王をまつるために勧請される
1872	5	白旗神社が造営される
1887	20	葛原岡神社が創建される
1897	30	古社寺保存法制定
1902	35	東慶寺，この年から男僧が住持となる
1908	41	五所神社，乱橋・材木座村合併によりできる
1909	42	静岡県の祐昌寺が移転されてのちに黙仙寺となる

西暦	和　暦	事　　　　　項
1929	昭和 4	大船観音の建立が開始される．国宝保存法制定
1950	25	文化財保護法制定
1960	35	大船観音が竣工する
1964	39	鎌倉風致保存会設立
1981	56	本覚寺の夷堂が再建される
1992	平成 4	「古都鎌倉の寺院・神社ほか」としてユネスコ世界遺産暫定リストに掲載される

付録6　鎌倉幕府将軍・執権一覧

鎌倉幕府将軍

代数	氏名	在職	生没
1	源　頼朝	1192. 7.12—1199. 1.13	1147. —1199. 1.13
2	源　頼家	1202. 7.23—1203. 9. 7	1182. 8.12—1204. 7.18
3	源　実朝	1203. 9. 7—1219. 1.27	1192. 8. 9—1219. 1.27
4	藤原頼経	1226. 1.27—1244. 4.28	1218. 1.16—1256. 8.11
5	藤原頼嗣	1244. 4.28—1252. 4. 1	1239.11.21—1256. 9.25
6	宗尊親王	1252. 4. 1—1266. 7. 4	1242.11.22—1274. 8. 1
7	惟康親王	1266. 7.24—1289.10. 9	1264. 4.29—1326.10.30
8	久明親王	1289.10. 9—1308. 8. 4	1276. 9.11—1328.10.14
9	守邦親王	1308. 8.10—1333. 5.21	1301. 5.12—1333. 8.16

鎌倉幕府執権

代数	氏名	在職	生没
1	北条時政	1203. 9. —1205.⑦.19	1138. —1215. 1. 6
2	北条義時	1205.⑦.20—1224. 6.13	1163. —1224. 6.13
3	北条泰時(頼時)	1224. 6.28—1242. 6.15	1183. —1242. 6.15
4	北条経時	1242. 6.15—1246. 3.23	1224. —1246.④. 1
5	北条時頼	1246. 3.23—1256.11.22	1227. 5.14—1263.11.22
6	北条長時	1256.11.22—1264. 8.11	1230. 2.27—1264. 8.21
7	北条政村	1264. 8.11—1268. 3. 5	1205. 6.22—1273. 5.27
8	北条時宗	1268. 3. 5—1284. 4. 4	1251. 5.15—1284. 4. 4
9	北条貞時	1284. 7. 7—1301. 8.22	1271. —1311.10.26
10	北条師時	1301. 8.22—1311. 9.22	1275. —1311. 9.22
11	北条(大仏)宗宣	1311.10. 3—1312. 5.29	1259. —1312. 6.12
12	北条熙時	1312. 6. 2—1315. 8.12	1279. —1315. 7.18
13	北条基時	1315. 8.12—1316. 7.10	—1333. 5.22
14	北条高時	1316. 7.10—1326. 3.13	1303. —1333. 5.22
15	北条(金沢)貞顕	1326. 3.16—1326. 3.26	1278. —1333. 5.22
16	北条(赤橋)守時	1326. 4.24—1333. 5.18	—1333. 5.18

○は閏月を示す.

付録7　鎌倉廃寺

名　称	宗　派	所　在　地	備　考
新居閻魔堂	臨済宗	由比郷見越岩・由比浜	円応寺の前身．材木座5に碑が残る
安国寺	臨済宗	山ノ内	足利尊氏・直義が各国に建立した安国寺の1つ
一向堂		常盤，一向堂	
一心院		十二所，明石	
窟堂		雪ノ下，岩谷堂	窟不動の前身
永安寺	臨済宗	二階堂，紅葉ヶ谷	蓬莱山．開山曇芳周応．足利氏満の寺号．のち瑞泉寺の塔頭
永福寺		二階堂，三堂，四ッ石，亀ヶ淵，西ヶ谷	三堂山．二階堂とも
延福寺	臨済宗	浄明寺	開基契忍禅尼(足利貞氏室)
月輪寺		十二所，好見	北条経時の寺号
観蓮寺		山ノ内	多聞院の前身か
鉄観音堂		雪ノ下	鉄の井から掘り出した鉄観音の首を安置
華光院	真言宗	扇ガ谷	竜興山．もと寿福寺の塔頭
興聖寺	臨済宗		功臣山．開山夢窓疎石
高松寺	日蓮宗	西御門1	太平寺(廃寺)の故地に創建
興禅寺	臨済宗	扇ガ谷	汾陽山．開山雲居希膺
国恩寺	臨済宗	山ノ内	尼五山の1つ
国清寺	臨済宗	佐介ヶ谷	開山無礙妙謙．1416年上杉禅秀の乱で焼失
悟真寺	浄土宗	佐介ヶ谷	開基大仏朝直．蓮華寺(廃寺)の前身
護法寺	臨済宗	二階堂	尼五山の1つ．小町にあった護法寺との関係は未詳
権現堂		扇ガ谷	福禅寺とも
今泉寺	臨済宗	今泉	寿福山．建長寺塔頭広徳庵(廃寺)の末寺
西教寺	浄土真宗	小袋谷	成福寺の支院

名　称	宗　派	所　在　地	備　　考
最光寺	浄土真宗	大町，名越松葉ヶ谷	聖徳太子像が鎌倉七太子の1つとされた
最勝園寺			北条貞時の寺号．貞時出家後に開堂
西方寺		極楽寺2	極楽寺の塔頭．寺跡裏に上杉憲方逆修塔がある
最宝寺	浄土真宗	材木座，高御蔵	
最明寺		山ノ内	北条時頼により邸宅の傍に建立
山王堂		大町，名越	
山王堂		扇ガ谷，山王堂谷	
慈恩寺	臨済宗	大町4	白華山．足利直冬の寺号であり，菩提寺
地蔵堂		雪ノ下	松源寺(廃寺)の前身か
七観音		大町，佐助	
釈迦堂		浄明寺，釈迦堂	元仁元年(1224)北条泰時により建立
十王堂		山ノ内	当寺の十王図は現在円覚寺続燈庵所蔵
勝因寺	臨済宗	扇ガ谷，勝縁寺ヶ谷	亀富山．開山至一(志一)
勝栄寺	臨済宗		建長寺塔頭正統庵の末寺
正円寺		扇ガ谷，勝縁寺ヶ谷	勝縁寺・照円寺とも表記
正観寺	臨済宗	山ノ内	円覚寺の塔頭．大休正念が寂した
松岩寺	臨済宗	扇ガ谷，泉ヶ谷	
松源寺		雪ノ下2	日金山弥勒院．地蔵堂の後身か
松谷寺		佐助1	一切経印板を所蔵し，出版活動を盛んに行なった
勝長寿院		雪ノ下4，大御堂	阿弥陀山．大御堂とも．源頼朝により創建
聖福寺		極楽寺，聖福寺谷	1334年鎌倉大将渋河義季が北条高時側の本間・渋谷氏を当地で撃退

名称	宗派	所在地	備考
正法寺	臨済宗	山ノ内	建長寺の塔頭か
新阿弥陀堂		扇ガ谷，梅谷	
新釈迦堂		大町，比企谷	
新清水寺		扇ガ谷	鉄の井付近にあり，鉄観音を本尊とする
新清涼寺		扇ガ谷4	亀ヶ谷釈迦堂とも．大町名越にあった清涼寺との関係は未詳
新善光寺		大町，名越	1242年北条泰時の死に際して当寺の智導上人が念仏を勤めた
新福寺	臨済宗	扇ガ谷	石切山
心平寺	臨済宗	小袋坂	伽羅陀山．もと建長寺の地にあった
崇寿寺	臨済宗	材木座4	金剛山．開山南山士雲．開基北条高時
禅興寺		山ノ内	福源山禅興久昌禅寺．関東十刹の1つ
善昌寺		大町，名越米町	教恩寺は当寺の故地に創建
泉蔵院		山崎	大霊山桐谷寺
善福寺	臨済宗	由比郷	海雲山．開山大川道通．関東十刹の1つ
禅明寺	臨済宗		尼五山の1つ
泰安寺		浄明寺	
大休寺	臨済宗	浄明寺	熊野山．開山月山希一．創建した足利直義の寺号
大慈寺		十二所，二ツ橋	大倉御堂とも．源実朝により創建
太平寺	臨済宗	西御門1	尼五山の1つ．円覚寺舎利殿は当寺の仏殿
大門寺		大蔵	阿弥陀堂とも
大楽寺	律宗	浄明寺，胡桃谷，のち二階堂	胡桃山．開山公珍．覚園寺境内より移転
田代観音堂		大町，比企谷	安養院の末寺．現在は同寺境内にある

名称	宗派	所在地	備考
多宝寺	律宗	扇ガ谷2	扇谷山．覚賢の墓塔とされる大五輪石塔や多宝寺やぐら群がある
智岸寺	臨済宗	扇ガ谷，智岸寺ヶ谷	英勝寺は当寺の故地に創建
長勝寺	臨済宗	山ノ内	大崎山．開山空山円印．円覚寺雲頂庵は当寺の開山塔
長善寺	真言宗	大町5	医王山．本尊は辻の薬師堂に移転
長楽寺		長谷1	開創は智慶との伝がある
辻の薬師		大町，辻町	もと長善寺の本尊を安置
鶴岡二十五坊		雪ノ下2	鶴岡八幡宮寺の供僧坊
東渓院	臨済宗	台	徳蔵山．山門・本尊は光照寺に移転
東光寺	臨済宗	二階堂	医王山．鎌倉宮は当寺の故地に創建
東勝寺	臨済宗	小町3	青竜山．開山退耕行勇．開基北条泰時．関東十刹の1つ
東陽寺	律宗	大町，名越	東栄寺とも
東林寺	律宗	扇ガ谷，泉ヶ谷	開山真阿
徳泉寺	臨済宗	山ノ内	霊芝山．開山東岳文昱．開基上杉朝宗の寺号
日輪寺			北条高時の寺号．高時出家以前から存在
日光山		浄明寺，犬懸	
能成寺		大町1	別願寺の前身
能蔵寺		材木座	来迎寺は当寺の故地に創建
普恩寺			開基北条基時の寺号
仏法寺		極楽寺	極楽寺の塔頭
報恩寺	臨済宗	西御門1	南陽山報恩護国禅寺．開山義堂周信．開基上杉能憲
報恩寺	律宗	山ノ内，尾藤谷，のち名越	極楽寺の末寺
宝積寺	臨済宗	山崎	円覚寺塔頭黄梅院の末寺

名称	宗派	所在地	備考
保寿院	臨済宗	西御門1	足利尊氏の妻，基氏の母である清江禅尼の菩提寺．のち瑞泉寺の塔頭
法泉寺	臨済宗	扇ガ谷，法泉ヶ谷	竹園山．開山了堂素安．開基畠山国清．関東十刹の1つ
法華堂		西御門2	現在は源頼朝の墳墓がある
保寧寺	臨済宗	山ノ内	建長寺塔頭梅洲庵の末寺
本国寺	日蓮宗	大町，名越，松葉ヶ谷	大光山．妙法寺は当寺の故地に創建
万寿寺	臨済宗	長谷	北条貞時により創建．勧請開山無学祖元．関東十刹の1つ
南小路聖天堂		雪ノ下，大蔵	
明因寺	臨済宗		
無量寺		扇ガ谷，無量寺谷	
木東寺	臨済宗	大町名越，のち山ノ内	目足寺・無垢息寺とも表記
理智光寺		二階堂，理智光寺谷	五峰山．開山願行
霊山寺		津	
蓮華寺		佐介ヶ谷	悟真寺(廃寺)の後身，光明寺の前身

＊ 貫達人・川添武胤『鎌倉廃寺事典』(1980，有隣堂)より作成し，『神奈川県の地名』(『日本歴史地名大系』14，1984，平凡社)より補足した．

＊ 地名については新旧混在とした．

＊ 鶴岡二十五坊は，善松坊・林東坊・仏乗坊・安楽坊・座心坊・千南坊・文恵坊・頓覚坊・密乗坊・静慮坊・南禅坊・永乗坊・悉覚坊・智覚坊・円乗坊・永厳坊・実円坊・宝蔵坊・南蔵坊・滋月坊・蓮華坊・寂静坊・華光坊・真智坊・乗蓮坊．

付録8　鎌倉五山・十刹一覧

鎌倉五山

位次	寺　　名	開　　山	開　基	所　在　地
1	建長(興国)寺	蘭渓道隆(大覚派)	北条時頼	神奈川県鎌倉市山ノ内
2	円覚(興聖)寺	無学祖元(仏光派)	北条時宗	同
3	寿福(金剛)寺	明庵栄西(黄竜派)	北条政子	鎌倉市扇ガ谷
4	浄　智　寺	兀庵普寧・勧請開山 大休正念(仏源派)	北条宗政 北条師時	鎌倉市山ノ内
5	浄　妙　寺	退耕行勇(黄竜派)	足利貞氏	鎌倉市浄明寺

関東十刹(鎌倉十刹，至徳3年)

位次	寺　　名	開　　山	開　基	所　在　地
1	禅興(久昌)寺	蘭渓道隆(大覚派)	北条時頼	神奈川県鎌倉市山ノ内，現在は明月院のみ
2	瑞　泉　寺	夢窓疎石(夢窓派)	足利基氏	鎌倉市二階堂
3	東　勝　寺	退耕行勇(黄竜派)	北条泰時	鎌倉市小町
4	万　寿　寺	無学祖元(仏光派)	北条貞時	鎌倉市長谷(廃寺)
5	大　慶　寺	大休正念(仏源派)	未　詳	鎌倉市寺分
6	興聖(安国)寺	夢窓疎石	足利尊氏	宮城県大崎市古川柏崎安国寺？
7	東　漸　寺	桃渓徳悟(大覚派)	北条宗長(一説に時長)	神奈川県横浜市磯子区杉田
8	善　福　寺	大川道通(仏源派)	未　詳	鎌倉市由比ガ浜(廃寺)
9	法　泉　寺	了堂素安(大覚派)	畠山国清	鎌倉市扇ガ谷(廃寺)
10	長　楽　寺	栄朝(黄竜派)	新田義季	群馬県太田市世良田，現在は天台宗

付録9　鎌倉三十三所一覧

番号	山　号	寺　名	本　尊	宗　派	所在地
1	大蔵山	杉本寺	十一面観音	天台宗	二階堂903
2	金竜山	宝戒寺	准胝観音	天台宗	小町3-5-22
3	祇園山	安養院	千手観音	浄土宗	大町3-1-22
4	海光山	長谷寺	十一面観音	浄土宗	長谷3-11-2
5	満光山	来迎寺	如意輪観音	時宗	西御門1-11-1
6	錦屏山	瑞泉寺	千手観音	臨済宗	二階堂710
7	岩蔵山	光触寺	聖観音	時宗	十二所793
8	飯盛山	明王院	十一面観音	真言宗	十二所32
9	稲荷山	浄妙寺	聖観音	臨済宗	浄明寺3-8-31
10	功臣山	報国寺	聖観音	臨済宗	浄明寺2-7-4
11	帰命山	延命寺	聖観音	浄土宗	材木座1-1-3
12	中座山	教恩寺	聖観音	時宗	大町1-4-29
13	稲荷山	別願寺	魚籃観音	時宗	大町1-11-4
14	随我山	来迎寺	聖観音	時宗	材木座2-9-19
15	円竜山	向福寺	聖観音	時宗	材木座3-15-13
16	内裏山	九品寺	聖観音	浄土宗	材木座5-13-14
17	南向山	補陀洛寺	十一面観音	真言宗	材木座6-7-31
18	天照山	光明寺	如意輪観音	浄土宗	材木座6-17-19
19	天照山	蓮乗院	十一面観音	浄土宗	材木座6-16-15
20	天照山	千手院	千手観音	浄土宗	材木座6-12-8
21	普明山	成就院	聖観音	真言宗	極楽寺1-1-5
22	霊鷲山	極楽寺	如意輪観音	真言宗	極楽寺3-6-7
23	大異山	高徳院	聖観音	浄土宗	長谷4-2-28
24	亀谷山	寿福寺	十一面観音	臨済宗	扇ガ谷1-17-7
25	泉谷山	浄光明寺	千手観音	真言宗	扇ガ谷2-12-1
26	扇谷山	海蔵寺	十一面観音	臨済宗	扇ガ谷4-18-8
27	若昇山	建長寺妙高院	聖観音	臨済宗	山ノ内9
28	巨福山	建長寺	千手観音	臨済宗	山ノ内8
29	蓬莱山	建長寺竜峰院	聖観音	臨済宗	山ノ内101
30	福源山	明月院	如意輪観音	臨済宗	山ノ内189
31	金宝山	浄智寺	聖観音	臨済宗	山ノ内1402
32	松岡山	東慶寺	聖観音	臨済宗	山ノ内1367
33		円覚寺仏日庵	十一面観音	臨済宗	山ノ内434

付録10　鎌倉十井・十橋一覧

鎌倉十井

名　称	所　在　地	由　　来
泉の井	扇ガ谷2，浄光明寺付近	
扇の井	扇ガ谷3，個人宅内，非公開	扇を開いたような形をしている．静御前が舞扇を納めたとも
甘露の井	山ノ内，浄智寺山門付近	
鉄の井	雪ノ下1，鶴岡八幡宮南西の角	鉄の観音像が掘り出された
底脱の井	扇ガ谷4，海蔵寺山門付近	平泰盛の娘が水を汲んだところ桶の底が抜けた．上杉氏の娘とも
銚子の井	材木座2-2-25付近，長勝寺斜向かい	六枚の花弁の形をした銚子状の蓋がある．別名石の井
瓶の井	山ノ内189，明月院境内	別名甕の井
星の井	坂ノ下18-28付近，虚空蔵堂に隣接	覗くと昼でも星が輝いて見えたという．別名星月の井・星月夜の井
棟立の井	二階堂421，覚園寺境内，非公開	家屋の棟立の形をしている．別名破風の井
六角の井	材木座6-23-7付近	八角形の井戸で，六角が鎌倉分，二角が逗子分という．源為朝が射た矢が落ちたため，別名矢の根井

鎌倉十橋

名　称	所　在　地	由　　来
歌の橋	二階堂932付近	和歌を詠んで死刑を赦された渋河兼守が，感謝を示すために架けた
夷堂橋	小町1-11-3付近，本覚寺門前	夷堂の前にあった
勝の橋	扇ガ谷1-13-45付近，寿福寺門前	英勝寺の開基勝の局が架けた
裁許橋	御成町20-48付近	訴訟を裁許する問注所の近くにあった
逆川橋	材木座2-6-25付近，来迎寺門前付近	逆川に架かる
十王堂橋	山ノ内753付近	十王堂の近くにあった
筋替橋	雪ノ下3-3-20付近	金沢大路に対して斜めに架かっていた
針磨橋	極楽寺3-13-19付近	近くに針を磨く者がいた．老婆とも，極楽寺の僧ともいう
琵琶橋	由比ガ浜2-1-18付近	琵琶小路に架かっていた
乱　橋	材木座3-15-17付近	新田義貞に攻め込まれた幕府軍がこの辺りで崩れて乱れ始めた

付録11　鎌倉関係用語解説

鎌《かま》　倉《くら》

神奈川県南部，三浦半島の基部に位置する市．古くは郡名・郷名として現われるが，鎌倉時代には幕府所在地として鶴岡八幡宮を中心とした一帯を鎌倉と称し，それが後世に及んだ．現在の鎌倉市の中心部にあたる．その地の東・北・西の三方は100メートル前後の山にかこまれ，南は相模湾に面している．山は東南の飯島岬よりおこり，弁ヶ谷山・浅間山・明石山，北に天台山・太平山・鷲峯山・大臣山・源氏山，西に観音山・霊山《りょうぜん》崎・稲村ヶ崎とつづく．川は滑川がもっとも大きく，ほかに稲瀬川・豆腐川がある．地形は谷が多く，これをヤトという．地名の由来には諸説があるが，地形が竈《かまど》に似ているところからついたとする説が妥当であろう．鎌倉市小袋谷からは旧石器が発見されており，周辺の山地には縄文・弥生の遺跡，横穴古墳があるから，古くから人間が住んでいたことが知られる．文献では，『古事記』景行天皇段に「鎌倉之別《かまくらのわけ》」とみえ，『万葉集』14には「可麻久良乃《かまくらの》美胡之能佐吉《みこしのさき》」とか，「可麻久良能美奈能瀬河伯《かまくらのみたのせかは》」とみえている．また『正倉院文書』の『相模国封戸租交易帳』には鎌倉郡鎌倉郷30戸とある．鎌倉は源氏と関係が深いが，源頼信・頼義・義家・為義と4代いずれも相模守に任ぜられており，頼義は前九年の役のあと，康平6年(1063)鎌倉郷由比に石清水八幡宮を勧請して鶴岡八幡宮を建立し，義家は永保元年(1081)これを修覆している．源義朝は鎌倉の楯(館)を伝領していた．治承4年(1180)頼朝が鎌倉に入り，大臣山の麓に鶴岡八幡宮を移して，鎌倉の中心とし，大蔵に新亭を建てた．御家人らも宿館を建て，鎌倉はこの時から都市となってゆく．頼朝は鶴岡八幡宮を京都の内裏になぞらえ，寿永元年(1182)社頭から由比ヶ浜に至る参道の若宮大路・段葛《だんかつら》を造り，これを朱雀大路になぞらえたと考えられている．このほか東西には横大路・車大路，南北には小町大路・今大路などの路があった．ここに大路というのは『吾妻鏡』の用法に従ったので，古文書にはすべて小路としてある．鎌倉の西境は承久3年(1221)までは稲瀬川であったが，承久の乱ののち，幕府が大蔵から宇津宮辻子《ずし》に移るとともに西へ発展したらしく，のちには稲村ヶ崎が西の境となった．承久の乱後，鎌倉は事実上日本の首都となったと考えられ，都市としての性格を明らかにする．小路と小路をむすぶ道を京都風に辻子とよび，土地の表記も，田地の町段歩から，都市で地積をあらわす戸主《へぬし》，丈尺となり，坪も用いられた（1戸主というのは間

口５丈・奥行10丈，坪は歩と同じく６尺４方)．また京都で行われていた保の制をとり，保奉行人をおくとともに，辻々に篝《かがり》を焚かせることにした．これらはいずれも北条泰時が仁治元年(1240)に施行したものである．鎌倉の繁栄は貞応２年(1223)源光行が『海道記』に，由比ヶ浜・材木座海岸の賑わいを記しているように，商業も盛んとなった．いわゆる鎌倉七座とよばれ，米町・魚町は小字として残り，また材木座は現在まで町名として残っている．商業に従事する庶民は，社寺や御家人が地主である屋地に住み地子《ちし》を納めた．その区域は海岸に近いところが多く，いわゆる下町を形成し，御家人の屋敷は，山の手に多かったと考えられている．貞永元年(1232)和賀江島の築港ができてからは舟運の便も一層盛んになったと考えられる．現在でも由比ヶ浜には青磁の破片が落ちているが，いままで拾われた破片の数は10数万個に及ぶといわれている．これは，多量の青磁がここで陸上げされたことを示す．頼朝のころは，道路の整備も市内にとどまり，寺も御家人らの屋敷も域内の要衝に配置されたらしいが，泰時の時代は，小袋坂・朝比奈の切通しを開くなど，外に向かう道が整備されたばかりでなく，切通しの外側に，北条一門の別荘がつくられるようになった．北条氏得宗の山ノ内，北条重時の極楽寺，金沢実時の金沢などがその例であり，そこには京都の貴族の風にならって，私寺が営まれた．北条泰時の大船常楽寺，同時頼の建長寺・最明寺，同時宗の円覚寺，時宗夫人の東慶寺，実時の称名寺などである．これらの寺は小さくても１つの谷全域を境内としていることが特徴である．元弘３年(1333)新田義貞が鎌倉に攻め入り北条氏が滅びると，戦死者の首は前浜に埋められたらしい．昭和28年(1953)一の鳥居から海岸寄り100㍍ほどのところから1000個に近い頭骨が出土し，中世日本人の頭骨が長頭型であったことがわかり，人類学上注目された．足利尊氏は鎌倉公方を鎌倉においたから，室町時代にも関東の首都となって栄えていた．都市としての詳細は鎌倉時代ほど明らかでないが，ほぼ前代のそれを踏襲したと考えられる．康正元年(1455)鎌倉公方足利成氏が今川範忠に攻められて古河に逃げたあと，鎌倉は急速に衰える．もともと，鎌倉は政治的消費都市であったから，政権所在地でなくなれば衰えるのが当然であった．しかも範忠の軍は徹底的に放火掠奪をしたらしく，大社寺でもこの時滅びたものが少なくない．なお，鎌倉周辺の山には，やぐらとよばれる横穴風の墓穴が多いが，これも都市としての鎌倉に住んだ武士たちの墓堂と考えられている．衰亡した鎌倉は，古都としての風格を保っていた．すでに戦国時代からむかしをしのぶ人が鎌倉を訪れている．伊勢長氏(北条早雲)は永正９年(1512)鎌倉に入り，「枯るる樹にまた花

の木を植ゑそへてもとの都になしてこそみめ」と詠じている．天正18年(1590)関東に入部した徳川家康は検地をし，鶴岡八幡宮・建長寺・円覚寺・東慶寺の四大社寺領をはじめ多くの社寺領を鎌倉内で与えたが，貫高制を改めなかった．これは鎌倉が全く農漁村になり切っていて，近世的な生産力のある農村ではなかったからであるとされる．しかし，平和がつづくと，江戸から古都遊覧の客が盛んに訪れるようになり，鎌倉は江の島とともに観光地となる．明治22年(1889)横須賀線が開通すると，それ以前から行われていた海水浴が盛んとなり，華族・富豪の別荘地となるとともに，横須賀軍港に勤務する海軍士官の居住地となり，ついでいわゆる鎌倉文士たちが住むようになった．太平洋戦争後は東京から鉄道で1時間の距離のためベッドタウンと化したが，最近は観光客が非常に増している．明治27年7月鎌倉郡西鎌倉村・東鎌倉村が合併し鎌倉町となり，昭和14年11月3日同郡腰越町と合併し市制施行．その後，同23年1月同郡深沢村，6月同郡大船町を編入し現在に至る．面積39.53平方キロ，人口17万4252人(平成23年(2011)4月現在)．

参考文献 『神奈川県史』資料編，『鎌倉市史』　　　　(貫　達人)

鎌倉街道《かまくらかいどう》

鎌倉を中心として放射状に走る主要な道筋で，鎌倉幕府開設以来，各地から「鎌倉へ向かう」中世および近世古道の呼称である．同じ道筋でも鎌倉から地方へ向かう場合は武蔵路・信濃街道・上州路などとよばれた．鎌倉街道の名称のはじまりは不明だが『新編相模国風土記稿』や『新編武蔵風土記稿』などに「鎌倉街道」「鎌倉海道」「鎌倉より奥州えの街道」などとみえるところから，おそらく江戸時代のことであろう．それ以前は『吾妻鏡』などでいう「鎌倉往還」が古く正しい呼び名と思われる．一般には『太平記』『梅松論』にみえる上ノ道(武蔵路)・中ノ道・下ノ道が，後世鎌倉街道とよばれる主体となった．上ノ道は，化粧坂(神奈川県鎌倉市)—洲崎(同)—渡内(藤沢市)—柄沢(同)—飯田(横浜市)—瀬谷(同)—鶴間(東京都町田市)—木曾(同)—小野路(同)—関戸(多摩市)—分倍(府中市)—府中(同)—恋ヶ窪(国分寺市)—野口(東村山市)—堀兼(埼玉県狭山市)—菅谷(比企郡嵐山町)—鉢形(大里郡寄居町)—雉ヶ岡(児玉郡児玉町)から上野・下野・信濃方面に通じた．建久4年(1193)源頼朝の入間野・那須野の狩や，元弘3年(1333)新田義貞鎌倉攻めの進路になっている．中ノ道は，山ノ内(神奈川県鎌倉市)—小袋谷(同)—大船(同)—笠間(横浜市)—永谷(同)—柏尾(同)—秋葉(同)—名瀬(同)

—二俣川(同)—鶴ヶ峰(同)—白根(同)—中山(同)—荏田(同)—是政(東京都府中市)—府中で，ここで上ノ道と合流した．文治5年(1189)奥州征伐の頼朝軍の進路や元久2年(1205)畠山重忠が菅谷の館から軍を発して二俣川で討死したときの路程である．下ノ道は，中ノ道の永谷から分かれて，最戸(横浜市)—弘明寺(同)—井戸ヶ谷(同)—岩井(同)—帷子(同)—神大寺(同)—片倉(同)—新羽(同)—日吉(同)—丸子(同)—池上(東京都大田区)—新井宿(同)—芝(港区)—忍岡(台東区)で，これより房総方面へ通じた．元弘3年，義貞鎌倉攻めの援軍として千葉貞胤軍が南下した進路である．このほかの主要幹線は，京都から美濃路を経て東海道筋を東下し，足柄または箱根峠をこえて鎌倉に至る「京鎌倉往還」があった．

参考文献　阿部正道『鎌倉の古道』(『鎌倉国宝館論集』2)，栗原仲道・蜂矢敬啓『鎌倉街道』，武田良助「鎌倉街道」(『(自治資料)埼玉県史蹟名勝天然紀念物調査報告』3)，佐藤善次郎「新田義貞鎌倉攻の道筋」(久保田収編『建武中興』所収)，中山毎吉「鶴見合戦—附下の道」(同所収)，阿部正道「鎌倉街道について—その分布と遺跡—」(小牧実繁先生古稀記念事業委員会編『人文地理学の諸問題—小牧実繁先生古稀記念論文集—』所収)
(三浦　勝男)

鎌倉国宝館《かまくらこくほうかん》

昭和3年(1928)4月3日に開館した神奈川県鎌倉市立の歴史・美術博物館．鎌倉市雪ノ下の鶴岡八幡宮境内所在．大正12年(1923)の関東大震災で鎌倉地方はおおきな被害を受けたので，そうした災害から貴重な文化財を保護するとともに，鎌倉見学の人々に便宜を与えるため，一堂に展示する施設として建設された．展示品は主に鎌倉市内および近郊の社寺に伝わる文化財のうち，彫刻・絵画・工芸・書類の代表的作品が寄託出陳・保管されている．定期的な特別展覧会のほか調査・研究の成果をまとめた図録・論集を刊行し，鎌倉地方の歴史と美術の研究に関する資料センター的役割をになう．現在，国立4博物館・大阪市立美術館などとともに，国が，所有者に対して国宝・重要文化財の公開を勧告もしくは承認して出品させることのできる数少ない公開施設の1つとなっている．

参考文献　『鎌倉国宝館四十年略史』
(三浦　勝男)

鎌倉図《かまくらず》

鎌倉の神社仏閣および名所旧跡などを描いた図．鎌倉・室町時代の古い写本では「円覚寺境内絵図」(円覚寺蔵，重要文化財)や「明月院絵図」(明月院蔵，同)，そ

れに「円覚寺塔頭法珠院敷地図」などがあり，江戸時代のものでは鎌倉の主要社寺に多くの図を伝えている．しかし，これらは所有する各社寺の境内図の類であって，現在のところ鎌倉全域を描いた室町時代以前の図は皆無である．江戸時代初期の「山之内村図」や「極楽寺村絵図」，天保3年(1832)の「扇ヶ谷村絵図」(ほかに2種類ある)なども貴重な鎌倉図の一種とみなし得るが，鎌倉の景観を描いた古写本としては鶴岡八幡宮所蔵の「相州鎌倉之図」がある．絹本著色で慶安年中(1648—52)の製作と伝える優品である．これに関連して享保17年(1732)の「鶴岡八幡宮境内図」も参考になるし，嘉永3年(1850)ころの描写と思われる「鶴岡八幡宮領幷往還谷々小道分間図」も鎌倉の勝概を描こうとした図ではないが，谷々の様子や谷名および細かく張りめぐらされた道筋がよくわかるので貴重である．しかし，現存する鎌倉図の中心をなすのは絵入りで描かれた版本の類である．図の多くは江戸時代から明治時代中期にかけて作製されたもので，いずれも鶴岡八幡宮を中心にすえた木版刷であるが，わずかながら銅版刷もみられる．当時，鎌倉の名所旧跡を訪れる人びとのために作図されたわけで，製作地は地元の鎌倉をはじめ，江戸や京都でも行われた．現存する最古の版本鎌倉図とみられるのは「相州鎌倉図」(板元は京都か)で，この異版の小図が鎌倉市中央図書館にある．ついで年紀のある最も古いのは三井文庫所蔵の延宝6年(1678)図で，板元は鎌倉雪ノ下．初期の本格的な鎌倉図としては寛文年間(1661—73)刊と思われる「相州鎌倉之本絵図」があり，鎌倉勝概図の代表的遺品としては，明和・安永年間(1764—81)に印行された「鎌倉名勝図」や鎌倉山ノ内石渡弥惣右衛門板の「鎌倉勝概図」などがあるが，とりわけ，寛政10年(1798)の刊年をもつ秦檍丸《あわぎまる》作図の「鎌倉勝概図」が名高い．地形図らしい形を整えた鎌倉図中の優品で，鎌倉の古歌51首ものせている．板元は鎌倉山ノ内住という石屋忠五郎，彫師は江川八左衛門．また幕末近くになると，鎌倉の景観を中心に描きながら江の島や武州金沢を遠景に配した「鎌倉総図江之嶋金沢遠景」などの図もみられ，明治初年の神仏分離直後の鎌倉を描いた「相州鎌倉絵図」も珍重される．明治24年(1891)に銅版で印行された「鎌倉実測図」は鎌倉で最初に行われた実測図で，当時の鎌倉の情況を詳細に伝えていて貴重である．なお，鎌倉住の板元はほとんど鶴岡八幡宮付近の雪ノ下に居住し，この地区以外に住したのはさきにふれた石屋・石渡の2人だけである．

参考文献　沢寿郎・鈴木棠三編『鎌倉—古絵図・紀行—』，沢寿郎『鎌倉の古版絵図』(『鎌倉市文化財資料』5)，三浦勝男『鎌倉の古絵図』(『鎌倉国宝館図録』

15—17)，貫達人「鎌倉古図について」(『日本歴史』100)，神田茂「鎌倉の古版絵図と旧地名」(『神奈川史談』12)　　(三浦　勝男)

鎌倉七口《かまくらななくち》

鎌倉へ入る7つの入口で，名越《なごえ》・朝比奈・巨福呂《こぶくろ》・亀ヶ谷・化粧《けわい》(気和飛)坂・大仏坂・極楽寺坂の切通しをいう．しかし鎌倉への入口はこれに限らず，稲村ヶ崎・小坪といった通路や間道もあった．名越は三浦半島への出入口で古東海道筋の要路．海岸経由の切通しは小坪口である．朝比奈峠は仁治2年(1241)北条泰時が開いたもので，武蔵国六浦《むつら》(金沢)から，いわゆる『太平記』にいう下《しも》ノ道筋にもあたり，巨福呂坂は泰時が仁治元年に造営した口．亀ヶ谷・化粧坂・大仏坂とともに武蔵方面に通じた上ノ道で，元弘3年(1333)新田義貞が鎌倉を攻めた道筋として名高い．忍性が開いたと伝える極楽寺坂は，稲村ヶ崎とともに東海道筋にあたる京・鎌倉往還の重要な口であった．なお，七口の呼称は，文明年間(1469—87)に行われた京都七口の模倣と考えられる．

参考文献　『鎌倉市史』総説編，三浦勝男『鎌倉の史跡』(『鎌倉国宝館図録』13)

(三浦　勝男)

やぐら

中世の横穴式墳墓．矢倉・谷倉・矢蔵・屋蔵・窟などと書かれる．矩形平面の墓室を持つ横穴式で山腹の崖に掘り込まれている．13世紀末から14世紀にかけて神奈川県鎌倉地方を中心に流行した．分布は大部分が鎌倉地区に集中しているが，三浦半島や房総半島にも数は少ないが散在する．ほかにも宮城県地方などに類似の構造を持つ横穴が確認されているが，鎌倉地方のやぐらと同じ機能を持つものとは現在のところ断定できない．鎌倉ではやぐらは1穴だけで存在するものは少なく群集化する傾向がある．やぐらの機能は埋葬場と供養のための仏堂を合わせたものである．おそらく，平安時代末期以降に流行した木造の墳墓堂である法華堂の機能を横穴を利用して果たしたものであろう．そのためにやぐらの内部には埋骨施設と供養のための施設があり，さらに木造堂の雰囲気を出すための施設も見られる．やぐら内に埋葬される遺骨は稀に土葬も見られるが大部分は火葬骨で，その埋葬方法も多様である．床面の岩盤を掘り込んで納骨穴を設けて納めたもの，壁際壇上に設けた小穴内に納めたもの，蔵骨器に納めて奥壁際の壇上に置いたもの，供養のために造立された石塔の内部に納めたものなどである．供養のために

やぐら内には本尊としての仏像を安置したり，壁面に仏像や梵字石塔などを浮彫にして荘厳したりしているものも少なくない．本尊は地蔵菩薩が最も多くみられる．やぐら内部には木造の施設もつくられ，壁は漆喰で白く塗られていた．鎌倉市内西御門山中に存在する「朱だるきやぐら」では，奥壁には本尊安置のための舟形光背が刻まれ，その表面には雲や日月の文様が描かれ，入口の天井は白く塗られ，その上に弁柄で20本ばかりの棰《たるき》が描かれていて，やぐらに仏堂としての機能があったことをよく示す．こうしたやぐらは木造堂を作る平地の少ない鎌倉で生まれ流行したものであろう．代表的なやぐら群として百八やぐら群・朱だるきやぐら群・瑞泉寺裏山やぐら群・東泉水やぐら群・東瓜ヶ谷やぐら群などがある．

参考文献　『鎌倉市史』考古編，赤星直忠『穴の考古学』，大三輪竜彦『鎌倉のやぐら』

（大三輪　竜彦）

和賀江島《わかえじま》

神奈川県鎌倉市の海岸の東南の飯島崎から突き出した中世の築港．貞永元年(1232)7月12日，勧進聖人往阿弥陀仏が舟船着岸の煩を無くするために和賀江島を築くことを申請して，執権北条泰時以下の助力を得て8月9日に完成した．鎌倉の内港として主に材木が陸揚げされていたらしい．ここの管理と津料の徴集は忍性以来極楽寺長老の権限であった．現在では満潮時には水没するが干潮時には姿を見せる．国史跡．

参考文献　『吾妻鏡』

（大三輪　竜彦）

元弘《げんこう》の乱《らん》

後醍醐天皇とその近臣グループによる討幕計画は，正中元年(1324)の正中の変によって一旦挫折したが，皇太子邦良親王(後二条天皇皇子)の病死による皇太子選定問題をめぐって皇統の対立は一層激化し，後伏見上皇皇子量仁親王の立太子によって天皇と鎌倉幕府との緊張関係も深まった．かくて天皇方は叡山をはじめとする大寺社勢力や畿内近国の悪党的勢力をさそい，討幕計画を積極化する．この計画も吉田定房の密告によって顕われ，元弘元年(1331)8月，天皇は密かに京都を出御，南都から笠置に移った．しかし9月28日には西上した20万余騎の関東の大軍によって笠置は落ち(笠置山の戦)，翌日天皇は宇治で捕えられ，楠木正成のよった赤坂城も陥落した．幕府は天皇に迫って量仁親王(光厳天皇)に譲位させ，天皇を隠岐に流し，日野俊基以下の主謀者を処分して，しばらくは平静に復した．

これを元弘の変とよぶことが多い．しかし翌2年(北朝正慶元)の年末には，もと天台座主の護良親王(尊雲法親王)が吉野で兵をあげ，楠木正成が再び河内で挙兵して幕府の軍勢を引きつけると，反北条の諸勢力が各地で蜂起，翌3年閏2月には後醍醐天皇は隠岐を脱出して伯耆の名和長年に迎えられた．この形勢をみて幕府は，名越高家・足利高氏を大将として再び大軍を西上させるが，4月17日には山陽道に向かった高家が久我縄手で赤松則村らの兵に討たれ，高氏は丹波篠村で寝返り，則村らと呼応して六波羅を攻めたため，5月7日に六波羅探題北条仲時らは近江に落ちて番場蓮華寺で自刃，光厳天皇と後伏見・花園両上皇は捕えられた．この間，護良親王は早くから挙兵をよびかけ，高氏も各地の武将にさそいかけるとともに，京都に奉行所を開設して上洛する武士の着到をつけ，治安維持にあたった．こうして各地の武士は一斉に蜂起し，5月21日に新田義貞・足利千寿王(義詮)らの軍勢が鎌倉を攻略し，北条高時以下北条一門・御内人ら数百人が東勝寺で自刃．ここに鎌倉幕府は滅亡した．阿蘇・菊池らの猛攻をしのいできた鎮西探題北条英時も，25日に少弐貞経・大友貞宗・島津貞久らの軍勢に博多で討たれた．この日後醍醐天皇は光厳天皇を廃して年号を元弘に復し，6月5日に京都還幸が実現する．この元弘の乱に動いた討幕の軍事力を類別すると，(1)非御家人・悪党的勢力(楠木正成・赤松則村・名和長年ら)，(2)皇室領荘園の在地武士(越前の気比，肥後の阿蘇ら)，(3)承久以来の諸事件で北条氏によって没落させられた家系の武士(信濃の伴野，三河の足助ら)，(4)蒙古襲来にからんで北条氏専制の犠牲となり，負担増に不満をもった武士(少弐・大友はじめ原田・菊池など九州の武士)，(5)得宗専制を不満とする外様有力御家人(足利・新田など)，(6)荘園領主として地頭御家人の領主制形成に最も悩まされていた大寺院勢力(比叡山・粉河寺など)の6種になる．このうち(1)(6)勢力が早くに応じ，(4)(5)勢力が動くことによって倒幕は成功したが，最後まで幕府と運命をともにした者は北条一門と御内人にほとんど限られており，その点では乱の中で反得宗専制の一大統一戦線が急速に形成されたとみることができる．これらの歴史的，階級的性格を異にする諸勢力を結集する媒介物として王朝の権威がここで意味をもち，反乱はひとまず幕府に対する王朝の反撃と勝利の姿をとったが，この共通の目標を打倒したのち，諸勢力はそれぞれ固有の利害によって行動し，内乱は新たな様相をもって展開することになる．

参考文献　佐藤進一『南北朝の動乱』(中央公論社『日本の歴史』9)，永原慶二「南北朝内乱」(『(岩波講座)日本歴史』6所収)　(福田　豊彦)

霜月騒動《しもつきそうどう》

弘安8年(1285)11月，安達泰盛一族らが執権北条貞時により滅ぼされた事件．呼称は『保暦間記』による．弘安合戦・奥州禅門合戦ともいわれた．安達氏は，盛長が源頼朝の鎌倉幕府創業を助け，その子景盛の女(松下禅尼)は北条泰時の嫡子時氏の室となって経時・時頼を生み，宝治合戦では北条時頼の三浦氏に対する巧みな挑発・攪乱を背景にしながら景盛・義景父子が三浦氏打倒の正面に立って時頼の権力確立を助けた．景盛以来武門の名誉とする秋田城介となり，また評定衆・引付衆などの重職を担当し，盛長以来上野守護としてその勢力を固め，そのほか盛長のときの三河守護，景盛のときの摂津守護，泰盛のときの肥後守護などの徴証がみられる．泰盛の妹は北条時宗の妻であり，文永3年(1266)宗尊親王追放の折には泰盛はその謀議者の1人であり，特に蒙古問題が起きると時宗を助けて対策の中心的存在となり，御恩奉行として活躍した．霜月騒動の直接の原因について『保暦間記』は，泰盛の子宗景が曾祖父景盛が実は頼朝の子であるからといって源氏に改姓したのを，得宗被官の上首である平頼綱によって安達氏は謀叛を企んでいると讒言されたためであると記している．日蓮が「平等も城等も」(弘安2年「聖人御難事」)といっているように，安達氏と平氏は当時の政界の二大勢力であった．文永9年の二月騒動の際の得宗被官に対する厳酷な処置は泰盛に出るものと思われ，得宗被官の泰盛に対する反感はつのっていたが，蒙古問題もあり，弘安7年4月時宗が死ぬまでは両者対立しながらも均衡を保っていた．時宗の死によって両者の対立は激しくなる．泰盛は時宗の死後，弘安の徳政といわれる主導の改革を進め，それまでの東国御家人を中心にした幕府権力の基盤を武士階級のすべてに拡大しようとするなど，諸施策を矢継早に出し，御家人らからも反発を買った．霜月騒動の原因は，このような推移の中に求められるべきであろう．11月17日泰盛は殺され，合戦により将軍の御所まで焼失し，泰盛側の大半が滅び去った．『梵網疏日珠鈔』30の紙背文書中に50名をこえる自害者の名簿があり泰盛側の構成が知られる．安達氏一門をはじめ，泰盛の母の実家である甲斐源氏小笠原一族，三浦・伊東・吉良などの守護級の者，二階堂・武藤・田中・殖田・小早川・天野・伊賀・足立などの御家人，このほか武蔵・上野の御家人などの自害者は注進に及ばずとあり，自害者や討たれた者は500人にのぼるといわれた．このほか金沢氏・長井氏・宇都宮氏など，この事件に連座した者もあった．この事件は鎌倉だけでなく諸国に波及し，各地で泰盛側の者が討たれており，筑前にお

ける岩門合戦はその代表的な事例である.

参考文献　多賀宗隼『鎌倉時代の思想と文化』, 佐藤進一『鎌倉幕府訴訟制度の研究』, 網野善彦『蒙古襲来』(小学館『日本の歴史』10), 石井進『鎌倉武士の実像』, 村井章介『北条時宗と蒙古襲来』, 同『中世の国家と在地社会』, 福島金治『安達泰盛と鎌倉幕府』, 石井進「霜月騒動おぼえがき」(『神奈川県史だより』資料編2), 鈴木宏美「安達泰盛の支持勢力」(『埼玉地方史』10), 武井尚「安達泰盛の政治的立場」(『埼玉民衆史研究』1), 渡辺晴美「北条貞時政権の研究」(『中央史学』7), 本郷和人「霜月騒動再考」(『史学雑誌』112ノ12), 細川重男「「霜月騒動」再現」(『ぶい&ぶい』17)　　(川添　昭二)

承久《じょうきゅう》の乱《らん》

承久3年(1221)後鳥羽上皇とその近臣が鎌倉幕府打倒を目的として挙兵し, 逆に大敗した事件. 間接的な幕政への介入を目指し, また武士団への統率力を得て国政の主導権をも発揮しようとしていた後鳥羽上皇は, 建仁3年(1203)に将軍となった源実朝に坊門信清の女を嫁がせて自分の義弟とするなど, 結びつきを深めていた. しかし, 幕政においてはすでに北条氏による執権政治が権力中枢となりつつあった. 北条氏が実権を握る過程で御家人の支持を得ようと発案した在地領主の保護政策は, 上皇の望む皇権の回復とは対立するものであった. このような中で上皇の討幕の意志は強まり, 分散していた広大な天皇家領の荘園を手中におさめるとともに, 新たに西面《さいめん》の武士をおいて軍事力の増強を図るなどした. 承久元年正月には, 鶴岡八幡宮において頼家の遺児公暁が実朝を暗殺したことにより, 公武の緩衝地帯は失われた. また, 幕府は上皇に宮将軍の東下を要請したが, 上皇はその返答を保留しつつ, 摂津国長江・倉橋両荘の地頭罷免を要求した. それに対し, 幕府の執権北条義時は地頭の罷免を拒否し, 将軍下向を再度折衝させた. 幕府は摂関家出身の三寅《みとら》(九条頼経)を将軍に迎え, 公武の融和を図る動きも見せたが, 同年7月には上皇の命によって大内守護源頼茂が誅殺され, 公武の対立は不穏な状況となっていった. 承久3年4月, 上皇は順徳天皇から仲恭天皇に譲位させ, 新院の協力を得ると, いよいよ討幕の兵を挙げる意志を固めた. 5月14日, 鳥羽城南寺《せいなんじ》に兵を召集し, 15日には義時追討の宣旨を発した. 召集を拒否した京都守護伊賀光季は襲撃され, 幕府と緊密であった西園寺公経は幽閉されたが, それ以前に彼らの命を受けた急使が鎌倉に遣わされ, 挙兵の報がもたらされた. 北条政子は御家人に結束を呼びかけ, 大江広元の講じた策により京都への派兵が決

定された．信濃・遠江以東の15ヵ国に動員令が発せられ，北条義時の子泰時，弟の時房らを大将軍として，東海道軍10万余騎，東山道軍5万余騎，北陸道軍4万余騎の兵力を有する幕府軍が編制された．一方上皇側は，西国に基盤をもつ上皇直属の武士や在京の御家人を中心とし，さらに僧兵や北条氏の勢力強化に反発する東国武士の一部も含む2万数千の混成軍であり，組織力や統率者に欠けていた．6月5日・6日，美濃において幕府軍は上皇側の主力であった藤原秀康・三浦胤義らを打ち破り，加賀においても京方軍を敗走させた．14日には宇治川の防衛線を突破し，翌日には京都を占領した．圧倒的勝利をおさめた幕府は，後鳥羽・土御門・順徳上皇の配流と仲恭天皇の廃位を行い，後鳥羽上皇の兄である行助入道親王を後高倉院として院政を存続させ，その子を後堀川天皇として即位させた．乱の首謀者とみなされた藤原光親・宗行，一条信能，高倉範茂などの公家をはじめとする近臣が捕えられ，その多くは関東への護送中に殺害，あるいは自害を強いられた．後藤基清・五条有範・佐々木広綱など在京御家人も処刑された．また，上皇側についた武士の所領を没収し，新たな地頭として戦功のあった御家人を任命した．その結果，畿内・西国の荘園・公領における幕府の支配力は飛躍的に増すこととなった．乱ののちも北条泰時・時房は京都に常駐し，従来の京都守護の職制を継承して朝廷の監視，京都内外の警備，西国の統轄にあたる六波羅探題が創設された．幕府においては北条氏による執権政治が確立されるとともに，皇位継承など朝政への影響力を強めた．貞永元年(1232)には泰時により『御成敗式目』が制定されるが，これは乱後の訴訟や紛争の解決のために必要な裁判基準を定めるという目的も有していた．

正中《しょうちゅう》の変《へん》

後醍醐天皇が，正中元年(1324)に，鎌倉幕府の討滅を企てながら失敗した政変．文保2年(1318)に即位した天皇は，元亨元年(1321)親政を実現し，吉田定房・北畠親房らの人材を登用して政治の改革に努めた．この間，皇位相続などへの鎌倉幕府の干渉を絶とうとして，無礼講と称する遊宴の会合を開いては幕府転覆の計画をねった．側近の参議日野資朝，蔵人日野俊基，僧游雅，玄基，武士では，足助重成，多治見国長らが参会し，幕府の目を欺くために，美妓をはべらし，酒をくみかわしつつ謀議を重ねた．元亨3年，討幕の同志を糾合するために，資朝は関東へ，山伏の姿に身をやつした俊基は南畿へと下向した．北条氏の専制政治に反対する御家人の不満や，諸国悪党の蜂起などから，鎌倉幕府が弱体化したと判

断した天皇は，好機到来とばかり正中元年9月23日を決起の日と定めた．北野祭当日の混雑で，六波羅の兵士が警備にあたるため，六波羅勢が手薄になる隙をねらったものである．計画は周到であったが，美濃の武士土岐頼員の不注意から情報が六波羅にもれ，9月19日多治見国長・土岐頼員らの京都の宿所が六波羅の兵士に急襲されて，一瞬のうちに計画は瓦解してしまった．資朝・俊基らは逮捕されて，鎌倉で厳重なとり調べをうけた．天皇は，万里小路宣房を急ぎ鎌倉へ派遣して，陰謀に関与しなかった旨を陳弁した．資朝は，累を天皇に及ぼさないために，責任を一身に負って佐渡へ流されたが，俊基は許されて京都に帰った．無礼講に名をかりて謀議が進められた第1回目の幕府転覆の計画はこうして失敗に終ったが，京都においては，さまざまな討幕運動が計画され，第2回目の挙兵(元弘の乱)へと連動していくのである．

参考文献　黒田俊雄『蒙古襲来』(中央公論社『日本の歴史』8)，網野善彦『蒙古襲来』(小学館『日本の歴史』10)　（佐藤　和彦）

比企氏《ひきし》の乱《らん》

建仁3年(1203)9月2日，比企能員が北条時政に誘殺され，比企一族と源頼家の子一幡が滅ぼされた事件．正治元年(1199)正月源頼朝のあとを継いで将軍となった頼家は，専恣な行動が多く，同年4月には宿老による13人の合議制が始められた．これに対し頼家は側近に鎌倉中勝手自由の特権を与えた．頼家の乳母夫比企能員は頼朝の側近として信任が厚く，上野・信濃の守護を勤めた．娘の若狭局が頼家に嫁して一幡を生んでいることからその外戚として，また頼家の側近に信濃の武士や子息らを送り込むなど，頼朝没後その権勢は北条氏を凌ぐようになっていた．比企氏の台頭に危機感を持っていた北条時政は，建仁3年8月，頼家が危篤になると，突然関東28ヵ国の地頭職と日本国総守護職を一幡に，関西38ヵ国の地頭職を頼家の弟千幡(実朝)に譲与することを定めた．この決定に不満を持った能員は，同年9月頼家が回復すると時政の専横を訴え，頼家も時政追討を能員に命じた．この密議を聞いた北条政子はこれを父時政に伝えた．9月2日仏事にかこつけて時政に誘い出された能員は時政の名越亭で天野遠景・仁田(新田)忠常のために殺された．これを聞いた能員の子余一兵衛尉・三郎・四郎時員など比企一族は一幡の館(小御所)に引き籠ったが，政子の命により派遣された追討軍に攻められ，午後四時ごろ館に火をかけ一幡をはじめ比企一族は滅亡した．この夜能員の岳父渋河兼忠が殺され，能員与党として信濃の小笠原長経・中野能成などが捕

えられ，義姉丹後内侍の子島津忠久は大隅・薩摩・日向３国の守護職を没収された．同７日頼家は母政子の命により出家させられ，同29日伊豆国修禅寺に幽閉され，将軍は実朝が継承した．以上が『吾妻鏡』による乱の経過であるが，『猪熊関白記』や『明月記』の同年９月７日条によれば，幕府は９月１日に重病であった将軍頼家が没したと朝廷に報告し，実朝の将軍継承が承認されており，また後者には頼家没後の政権争いで一幡および比企氏が滅亡したという風聞も記されている．なお，『吾妻鏡』によれば，頼家は，翌元久元年(1204) ７月19日に没したとされているが，『愚管抄』などでは，北条氏の派遣した刺客のために殺されたという．

参考文献　『大日本史料』４ノ７，柏美恵子「比企氏の乱と北条時政」(『法政史論』７)

（菊池　紳一）

北条教時《ほうじょうのりとき》の乱《らん》

文永９年(1272)北条教時らが誅殺された事件．いわゆる二月騒動．北条教時は嘉禎元年(1235)に生まれた．北条朝時の子で，母は北条時房の女．時章の異母弟で，いわゆる名越氏である．『吾妻鏡』では，寛元４年(1246)10月16日馬場殿の笠懸に射手としてみえるのをはじめとして，文永３年７月４日条まで所見がある．将軍出行の際の供奉の記事が多いが，近習結番・格子番・廂衆・昼番衆など将軍近侍の役目を歴任していることが知られる．さらに笠懸・犬追物などの射手としてみえ，御所の鞠会には頻繁に出仕し，鞠奉行を勤めている．このようなことを通してわかるように，将軍宗尊親王や関東祗候の廷臣と親密で，宗尊親王への親近の度合いは年を追って深まっている．建長６年(1254)12月従五位下刑部少輔，弘長３年(1263)正月中務権大輔，文永３年３月従五位上，同７年９月遠江守となっている．一方，康元元年(1256)４月引付衆，文永２年６月評定衆となっており，誅されるまでそうである．守護職の所見はない．文永９年２月11日，鎌倉で時章・教時らが誅殺され，続いて同年２月15日，京都において六波羅探題南方の北条時輔が同北方の北条義宗に誅殺された．時章は無実であったということで討手５人は斬首され，教時への討手は賞も罰もなかった．教時は狙い撃ちされたのである．これが『保暦間記』にいう二月騒動である．教時は文永３年宗尊親王追放の時には親王方として軍事行動を起しかねない気配さえみせていた．二月騒動は，得宗北条時宗にとって脅威的な存在であった一門の名越氏および時宗庶兄時輔の打倒という形での得宗権力確立のための事件で，かつそれは，緊迫したモンゴル問題

の処理と不可分の関係にある．すなわち幕府内の不統一を解決し得宗権力を一元化すべく行われた粛正である．

参考文献　網野善彦『蒙古襲来』(小学館『日本の歴史』10)，川添昭二『日蓮とその時代』，同『歴史に生きる日蓮』，再興中世前期勉強会編『段かづら』２―４，細川重男『鎌倉北条氏の神話と歴史』(『日本史史料研究会選書』１)，北条氏研究会編『北条時宗の時代』，細川重男『北条氏と鎌倉幕府』

（川添　昭二）

北条宗方《ほうじようむねかた》の乱《らん》

嘉元３年(1305) ４月23日，北条宗方が北条時村を誅し，続いて同年５月４日，宗方が貞時に誅された事件．嘉元の乱ともいう．この乱は当時「両度の勝事」「此の御大事」「関東の兵革騒擾」などといわれた．また，乱の理由については，金沢貞顕やその右筆倉栖兼雄が書状で時村殺害を宗方の造意と述べ，時村が誤って殺されたことを伝えているだけである．ほかに乱の理由・経緯を述べているのは南北朝時代の『保暦間記』で，それによると，得宗貞時の従父弟で「内ノ執権」(内管領)および「侍所ノ代官(所司)」をしていた宗方が，時宗の猶子で貞時の聟として信任厚い執権の北条師時や同じく貞時の聟である連署北条時村の孫熙時《ひろとき》を討とうと企て，まずは，貞時の命といつわって時村を討ったが，それが誤殺とわかって，その時討手となった11人(12人)は討たれ，また宗方も貞時により大仏宗宣・宇都宮貞綱らを以て討たれた，というのである．宗方の立場を，引付制度を背景に，御家人たちの先頭に立って得宗貞時の独裁化をはばみ貞時を出家にみちびいた，と解する向きもあるが，宗方は貞時に対しては身内的な関係で，この乱も直接には宗方の師時・熙時―時村に対する対抗意識を起点としていたとみられる．霜月騒動における得宗被官平頼綱に類似している．宗方が六波羅探題をやめ関東に下り，評定衆・引付頭・越訴頭などとして師時らと同じ幕政の座につらなる中で確執を深めていったのであろう．時村を誤殺したとして処刑された討手の半ばは御内人である．乱の経過については，伴野出羽三郎・大野弥六が宗方側として御内人の石川義忠に討たれたこと，宗方と戦った佐々木時清が戦死したこと，埼玉県入間市円照寺の嘉元３年８月８日の板碑は宗方の乱に連座して死んだ御内人加治氏追善のためのものであろうと解されていること，宗方討伐のための師時袖判の能登国御家人万行胤成の着到状が残っていること，などが知られる．宗方の遺跡小笠原谷地八戸主は醍醐座主僧正坊の管領となっている．

参考文献　『鎌倉年代記』(『(増補)続史料大成』51)，網野善彦『蒙古襲来』(小学館『日本の歴史』10)，石井進『中世武士団』(同12)，千々和到『板碑とその時代』(『平凡社選書』116)，細川重男『鎌倉政権得宗専政論』，日蓮聖人の世界展制作委員会編『日蓮聖人の世界』，高橋慎一郎「北条時村と嘉元の乱」(『日本歴史』553)，菊池紳一「嘉元の乱に関する新史料について」(北条氏研究会編『北条時宗の時代』所収)

(川添　昭二)

三浦氏《みうらし》の乱《らん》

宝治元年(1247)三浦泰村の一族が執権北条時頼とその外戚安達氏とにより滅ぼされた動乱．その年号にちなんで宝治合戦ともいう．三浦氏は，相模の三浦半島を本拠とし，幕府の成立期以来の功臣として重きをなし，泰村は暦仁元年(1238)に評定衆となり，また一方，将軍藤原頼経にも近侍していた．寛元４年(1246)に宮騒動が起きたが，同氏は事件には直接関与せず，そのため何ら処罰も受けることはなかった．しかし，泰村の弟光村は，前将軍藤原頼経とは20年間もなれ親しんだ関係にあり，頼経を京都に送還した後も，頼経の将軍復位を画策していた．宝治元年になると，寛元２年以来評定衆の地位にあった光村は，反時頼派の急先鋒と目されるようになり，三浦一門の惣領泰村も，次第にその派の中心と仰がれるようになった．この動きを知って驚嘆した高野入道覚智(安達景盛)は，同年４月にその出家先の高野山から鎌倉に馳せ帰り，子の義景と孫の泰盛に対して，北条得宗家の危機はその外戚(時頼は覚智の外孫)の安達一族にとっても危機であることを説き，三浦一族討伐のために蹶起することを促した．こうして翌５月末までの間に三浦氏と安達氏とは，それぞれ鎌倉を中心に政治的な駆け引きを繰り返して，またそれぞれに軍事行動の準備も進めた．そのため，一触即発ともいうべき緊迫した状況となり，妹(将軍藤原頼嗣室)の死の物忌のために泰村の館に寄宿していた時頼は，５月27日に突如帰路につき，それを機に三浦氏と安達氏との対立は極限に達した．恐縮して陳謝した泰村に対して時頼は，事態を収拾すべく使者をもって返答した．６月５日になって再び時頼は泰村に使者を派遣し，和平の道を選択するように要請し，また三浦氏を討伐する意志のないことも誓約したが，そのことを知った覚智は，義景と泰盛に対して，いま三浦氏を討たねば同氏はますます権勢を極めて当家を蔑如するであろうことを説き，すぐに雌雄を決すべきことを強調した．その結果，安達泰盛が先鋒となって甘縄邸から進発し，路次の御家人を誘いながら鶴岡八幡宮東方の泰村邸に攻撃をしかけた．戦端の開かれた

ことを知った時頼は，態度を一変して北条実時に幕府の警備を命じる一方，弟の北条時定を大将として泰村討伐軍を発した．そのため，泰村は館を焼かれ，その邸の北東にあった源頼朝の墓所法華堂へと移り，永福寺方面で戦っていた光村もやがてそこへ追いつめられ，頼朝の遺影の前でしばらく往事を語ったあと全滅した．討死・自殺した三浦一族は姻戚関係者や郎党まで含めて500余人．中には泰村の妹聟の西阿(大江広元の子，毛利季光)や同じく関政泰などの有力者も含まれていた．翌々日の7日にはやはり泰村の妹聟の千葉秀胤が，上総一宮の大柳の館に討手を差し向けられ一族ともに滅ぼされた．この結果，時頼の政権は安定へと向かい，安達氏の危機も回避されることとなった．

参考文献　『大日本史料』5ノ22，安田元久『鎌倉執権政治』(『歴史新書』56)，網野善彦『蒙古襲来』(小学館『日本の歴史』10)，高田豊「鎌倉宝治合戦における三浦氏一族」(『歴史教育』16ノ12)，野口実「執権体制下の三浦氏」(『三浦古文化』34)

(槇　道雄)

和田氏《わだし》の乱《らん》

源頼朝の死後，鎌倉では北条氏の擡頭とともに，幕府草創期に活躍した有力御家人がつぎつぎに滅亡してゆくが，そうした流れのなかでおこった事件．和田合戦とも称す．建保元年(1213)5月，和田義盛以下その一門が北条氏に対して武力抗争を試み，結果的には敗れて一族が滅亡する．和田義盛は三浦大介義明の孫で，その一統は和田氏を名乗るが，源頼朝挙兵に際し和田氏も三浦一門とともにこれを支援し，鎌倉幕府創立に大きな功績を残した．特に義盛は治承4年(1180)11月に侍所別当に任ぜられ，頼朝に重用されたが，頼朝の死後将軍頼家のときにその独裁を抑えるため，幕府の宿老13名の合議体制ができたとき，義盛もまたその一員となっていた．やがて梶原・畠山氏などの有力御家人が滅亡したのち，執権の地位を得た北条義時にとって最も強力な対抗者は和田義盛であり，彼の存在は政治権力を握ろうとする北条氏にとって大きな障害となっていった．そこで義時は種々の策を用いて義盛を挑発して彼の反逆を誘い，和田一族を一挙に滅亡せんと謀った．建保元年2月，信濃国の泉親衡が将軍実朝を撃たんとする陰謀をすすめ，そのことが発覚したとき，和田義盛の子義直・義重と甥の胤長がこの陰謀に参画していたことが明らかとなり，義時はこれを機会に和田氏の勢力を削がんとして，ことさらに厳重な処置をとった．義直・義重は父義盛の勲功に免じて罪を赦されたが，胤長の罪は赦されず，義盛が一族を引き連れて将軍実朝のもとに嘆願に出

た際に，その嘆願は却下され，しかも胤長は一族の人々の前で面縛されるなど，和田一門に対し大きな恥辱を与えた．そして胤長は陸奥国に流されその所領は収公されて義時に与えられた．和田一族は義時のこの措置に心から憤ったが，これは和田氏排斥のための義時の策略がみごとに成功したものといえる．こうして北条氏打倒を決意した義盛は，同族の三浦義村の合意を得，また武蔵国の有力武士横山一族の加勢をたのんで5月2日兵を挙げて幕府を急襲した．しかし事前に三浦義村の変心があり，義時は軍勢を集めて幕府の防禦を固めることができ，ここに幕府成立以来はじめて鎌倉を舞台に大規模な合戦となった．和田一族の戦力は強く，容易に勝敗が決しなかったが，3日夕方，和田一族の力は尽き，義盛は乱戦のなかで戦死，和田氏の主流はほとんど滅亡した．この和田氏の乱における勝利により，北条義時は侍所別当をも兼ね，幕府体制のなかでの最高の地位をかためた．現在鎌倉由比ヶ浜付近に和田氏一族滅亡の跡といわれる「和田塚」が残る．

参考文献 『大日本史料』4ノ12　（安田　元久）

付録12　鎌倉関係人物略伝

赤橋守時《あかはしもりとき》　?—1333

第16代にして最後の執権．在職1326—33．評定衆，讃岐守，武蔵守などを経て執権となるが，政治的実権を握ることはできなかった．新田義貞軍との戦いにおいて切腹した．

安達盛長《あだちもりなが》　1135—1200

御家人．源頼朝に仕え，1189年の奥州征伐や上洛に従う．頼朝の死後は出家して法名蓮西．頼家の下での13名合議制の１人となる．

安達泰盛《あだちやすもり》　1231—85

引付衆，引付頭，評定衆，越訴奉行．秋田城介，陸奥守．北条家一門と血縁関係を結び権力を得る．1253年父義景の死後は，執権北条政村・時宗・貞時の下で幕政の中枢を担う．内管領平頼綱と争い，1285年霜月騒動で没．

甘糟長俊《あまかすながとし》

粟船の名主とみられる人物．通称太郎左衛門尉．1567年に粟船常楽寺の文殊菩薩像を修復し，1579年には粟船に熊野大権現を勧請している．

一山一寧《いつさんいちねい》　1247—1317

中国から渡来した臨済宗の僧侶．1299年来日，北条貞時の信仰を受けて，建長寺，円覚寺の住持となる．のち上京して南禅寺住持となる．五山文学の祖ともいわれ，多くの門下を輩出した．

一遍《いつぺん》　1239—89

時宗開祖．伊予に生まれ，母の死を契機に出家し，随縁と名乗る．一時還俗するが，再出家し諸国を巡り念仏三昧を修した．信不信を問わず念仏往生がかなうとした．1282年鎌倉布教を目指したが，拒否され片瀬で踊り念仏を催したことが『一遍聖絵』に描かれる．

岩瀬与一太郎《いわせよいちたろう》

常陸の佐竹氏の家臣．1180年源頼朝が佐竹氏を攻めた際に捕らえられるが御家人として用いられた．

上杉氏定《うえすぎうじさだ》

扇谷上杉氏．1416年上杉禅秀の乱で足利持氏側に与し，破れて自害した．

上杉憲方《うえすぎのりかた》　1335—94

山内上杉氏．関東管領．1382年小山義政を攻めて自害させる．上野・武蔵・伊豆守護職を同家の家督として確立する．明月院の創立者．

英勝院《えいしょういん》　1578—1642

太田康資の娘．お勝の方．徳川家康の側室となり，水戸藩主徳川頼房を養育．

家康の死後出家して1634年英勝寺を創建.

叡尊《えいぞん》 1201—90

奈良西大寺の中興開山. 興正菩薩. 大和に生まれ, 真言宗のち戒律を学ぶ. 荒廃していた西大寺を復興させた. 西大寺流律宗が武家社会に広まり, 請われて鎌倉に下向したが, 権力者からの寄進を拒み, 程なく奈良に帰った.

円観《えんかん》 1281—1356

近江出身の天台僧. 後醍醐天皇の帰依を受けて山城法勝寺, 元応寺に住した. 天皇の倒幕計画の下, 反北条の法を修したため奥州に配流. 幕府滅亡後の1334年, 足利尊氏創建の宝戒寺開山となる.

円爾《えんに》 1202—80

臨済宗の僧侶. 諱は弁円. 勅諡号聖一国師. 駿河に生まれ, 近江園城寺で剃髪, 東大寺で受戒. のち臨済宗となり京都東福寺開山となる. 北条時頼に禅戒を授け, 1257年請われて寿福寺に住す. 多くの門弟がおり, その門流は聖一派とよばれた.

大江広元《おおえのひろもと》 1148—1225

初代政所別当. 京都出身. 1184年源頼朝に鎌倉へ招かれる. 以後頼朝を支える. 1190年の上洛にも従い, 翌年明法博士, 検非違使となる. 頼朝の死後も北条政子や義時を支えて幕政の要となった.

太田道灌《おおたどうかん》 1432—86

扇谷上杉氏の重臣. 資長. 江戸城や河越城の築城を手がける. 1476年長尾景春が反乱を起こすと, 扇谷上杉定正・山内上杉顕定を助け, 関東各地で戦った. 鎌倉五山で学び, 万里集九を江戸城に招くなど, 学問・詩歌にも秀でていた. 邸宅跡に建立されたのが英勝寺という.

大庭景親《おおばかげちか》 ？—1180

平氏の被官. 1180年挙兵した以仁王・源頼政に対して平氏側について戦う. 石橋山の戦で源頼朝を破ったが, 富士川の戦で平氏が負けると頼朝に降伏, 殺害された.

大仏宗宣《おさらぎむねのぶ》 1259—1312

第11代執権. 在職1311—12. 評定衆, 越訴奉行などを歴任したのち, 京都においては六波羅探題の任にあたった. 鎌倉に戻り, 再び越訴奉行, 連署などを経て執権となった.

覚山《かくさん》 1252—1306

北条時宗夫人で臨済宗の尼僧. 堀内殿, 潮音院殿とも. 時宗とともに落飾して1285年に東慶寺を開き女人救済に努めた.

梶原景時《かじわらかげとき》　？—1200

侍所所司．頼朝の挙兵時には敵対したが，石橋山で頼朝の危急を救い，以後重用された．源義仲追討に功があり，義経失脚の因を作った．教養があったが，権勢欲が強く人を陥れることが多く，1199年有力御家人らに弾劾され鎌倉を追放された．翌年謀反を企てたとして上洛途上に幕府の追討を受け討たれた．

金沢貞顕《かねざわさだあき》　1278—1333

第15代執権．六波羅探題，連署などを経て1326年執権となるが，北条泰家の反対により10日で辞任．多数の書籍を蒐集・筆写し，金沢文庫を完成させた．

金沢実時《かねざわさねとき》　1224—76

引付衆，評定衆，越訴奉行．幕府の要職を務めた一方で，学問への造詣が深く，京都の儒者清原教隆に学んだ．大量の蔵書を武蔵金沢の自邸に保管，称名寺を建立してその境内に文庫を設けた．これが金沢文庫の起源となる．

鎌倉景政《かまくらかげまさ》

桓武平氏で父の景成が鎌倉を領有して鎌倉氏を称した．景正とも．後三年の役では源義家に従う．合戦で，右眼を射られても敵を倒し，武士としての剛胆さを失わなかったという．

行基《ぎょうき》　668—749

奈良時代の僧．多くの弟子を率いて，橋の造営などの事業に取り組み行基菩薩と称されたが，717年には布教禁圧を受ける．五畿内において40余の寺を建て，伝道と土木事業に努めた．743年奈良大仏造営の勧進，745年大僧正となるが大仏造営中に死去した．

工藤祐経《くどうすけつね》　？—1193

源頼朝の家臣．1184年平家追討九州遠征や1189年奥州藤原氏征伐に従軍．1193年頼朝の富士の巻狩で曾我祐成・時致兄弟に両人の父の仇討ちとして殺害された．

月峯了然《げつぽうりようねん》

臨済宗の僧．京都に生まれ，鎌倉に入って建長寺の蘭渓道隆に学ぶ．浄妙寺住職となってこの寺を禅寺にした．

源栄《げんえい》　？—1618

浄土宗の僧．号は暁誉．芝増上寺の存応に師事して大長寺２世となる．相模に貞崇寺・宗仲寺を開いた．

憲静《けんじよう》　？—1295

京都泉涌寺第６世．願行房と号す．関東に下って大楽寺やを開いたほか，大山寺を再興するなどした．なお，安養院を開いた願行は，遊行念仏者の東山願行房円満であり別人である．

高峯顕日《こうほうけんにち》　1241—1316

臨済宗の僧．京都に生まれ，兀庵普寧が建長寺に入るとその侍者となる．さらに建長寺に入った無学祖元について法嗣となり，同寺に住した一山一寧にも参じた．のちは浄妙寺，浄智寺，京都の万寿寺，建長寺などに住した．弟子に夢窓疎石らがいる．

古先印元《こせんいんげん》　1295—1374

臨済宗の僧．薩摩国に生まれ，夢窓疎石と親しく，山城の等持寺を開山するなどして，1358年鎌倉の長寿寺の開山となり，円覚寺，建長寺に住し，建長寺内に広徳庵を建てた．

後醍醐天皇《ごだいごてんのう》　1288—1339

在位1318—39．1321年後宇多院政を廃止して記録所を再興するなど天皇親政を進める．倒幕に2度失敗(正中の変，元弘の乱)して1332年隠岐へ流される．足利尊氏・新田義貞らにより鎌倉幕府が滅びると建武の新政に着手するが反乱にあい，1336年吉野へ移り南朝を立てた．

兀庵普寧《ごったんふねい》　1197—1276

中国から来日した臨済宗の僧．無準師範の法を継ぐ．1260年蘭渓道隆や円爾などに日本に招かれ，北条時頼の招きにより建長寺二世となった．時頼は兀庵の下で悟りを開いて，印可証明をうけている．

後鳥羽天皇《ごとばてんのう》　1180—1239

在位1183—98．高倉天皇皇子で，兄に安徳天皇．土御門天皇への譲位後は長く院政をとった．縁者を源実朝の妻とするなどしたが実朝死後の1221年に承久の乱を起して破れ，隠岐に流されて没した．『新古今和歌集』を勅撰するなど文武にわたって多才であった．

惟康親王《これやすしんのう》　1264—1326

第7代将軍．在職1266—89．第6代将軍で父の宗尊親王に次いで将軍となるが，1289年幕府により突然京都に逐われて間もなく出家した．

作阿《さくあ》

1284年夏，一遍智真が遊行し京都に入った際に帰依した．作阿の流れを市屋派という．

佐々木盛綱《ささきもりつな》　1151—？

源頼朝に仕えた武将．1180年頼朝が挙兵すると，兄弟とともに山木攻め，石橋山の戦，常陸佐竹攻めなどの合戦に従った．伊予・越後の守護となる．頼朝の死後は入道して西念と号した．

佐竹義盛《さたけよしもり》　1365—1407

常陸国の守護．1399年鎌倉に多福寺を建立して，多福院殿と号した．

四条頼基《しじょうよりもと》

北条氏一門江馬氏に仕えた武士．四条金吾とも．日蓮に帰依し，1271年の竜口法難では，日蓮に殉死しようとするが，江馬氏に助けられた．

俊聖《しゅんじょう》　1239—87

念仏僧．筑後に生まれて天台教学を修め，1254年鎌倉に入り浄土教を学ぶ．名を一向と改めて遊行と踊り念仏で各地の民衆を教化．その教団は一向宗と呼ばれた．

心慧《しんえ》　？—1306

律僧．智海と称す．憲静や忍性などに戒律を学ぶ．1296年に北条貞時が元寇に際して大倉薬師堂を覚園寺に改める際に，開山となって，同寺で没した．

親鸞《しんらん》　1173—1262

浄土真宗開祖．別名綽空，善信，号愚禿．比叡山で堂僧をつとめ，1201年源空(法然)に入門して本願他力(専修念仏)に帰依した．朝廷からの弾圧を受けて1207年に越後に流される．赦免後は越後，次いで常陸など関東で布教に努めた．主著『教行信証』を関東在住中に著し，晩年まで推敲を重ねた．

心霊牛道《しんれいぎゅうどう》　？—1655

曹洞宗の僧．大和郡山で生まれ，唐招提寺で得度した．伊豆修善寺や永平寺で学び，1651年後光明天皇の命で宮中で説法．鎌倉で松久寺を開いた．

存貞《ぞんてい》　1522—74

浄土宗の僧．号は感誉．大道寺政繁の甥．玉縄城主北条氏繁の招きにより，岩瀬に大長寺を建立．川越に蓮香寺を建立し，のち芝増上寺10世となる．

大休正念《だいきゅうしょうねん》　1215—89

宋の禅僧．1269年北条時宗に招かれて来日．禅興寺に入り，建長寺，寿福寺，円覚寺に住した．日本での活動は20年に及び，その学識は高く，時宗・貞時らに深く影響を与えた．

退耕行勇《たいこうぎょうゆう》　1163—1241

兼密の臨済宗僧．相模(京都とも)に生まれ，鶴岡八幡宮の供僧となり永福寺・大慈寺の別当となった．鎌倉に入った栄西に入門した．源実朝の死後高野山金剛三昧院に入り，鎌倉に戻ってからは浄妙寺・東勝寺の開山をつとめた．

泰澄《たいちょう》

加賀白山を開創したといわれる僧．14歳で越前越知山で十一面観音を捧持して修行．702年鎮護国家の法師に任じられる．717年白山に登り，妙理菩薩を感得したと伝わる．

平良文《たいらのよしぶみ》

平安期の貴族．村岡五郎とも．鎮守府

将軍に任ぜられたという．平将門の叔父にあたり，子孫には千葉忠常，畠山重忠などがいる．

平頼綱《たいらのよりつな》　？―1293

内管領．執権北条貞時を補佐し権力を握っていた安達泰盛と対立し，1285年霜月騒動で安達氏を滅ぼして実権を手にした．その後は専制政治を行なったため，1293年貞時の討手の急襲を受けて，一族とともに自害した．

天岸慧広《てんがんえこう》　1273―1335

臨済宗の僧．武蔵国に生まれ，無学祖元について得度する．のち高峯顕日に師事して印可を受け，高峯に従って円覚寺に入る．1320年に元に渡り，帰朝後は伊豆香山寺に入り，のち浄妙寺に移り，休耕庵に退居した．

道元《どうげん》　1200―53

日本曹洞宗の開祖．比叡山で出家して，園城寺や建仁寺で学ぶが1223年入宗．天童寺の如浄に学んで1227年帰国．建仁寺や安養寺に住んで只管打坐を説く．1243年越前に入り，翌年永平寺を建てる．1247年には北条時頼に鎌倉に招かれている．主著『正法眼蔵』．

徳道《とくどう》　656―？

法相宗の僧．養老―神亀のころ，十一面観音像を作って奈良の長谷寺を開いたという．鎌倉の長谷寺の開山でもあるが，同寺の古代の寺史は不詳．

呑海《どんかい》　1265―1327

時宗の僧．相模国の豪族俣野氏の家に生まれるが出家して遊行上人真教に学ぶ．遊行上人四代となって，藤沢に時宗総本山清浄光寺(遊行寺)を建てて本拠とした．

南山士雲《なんざんしうん》　1254―1335

臨済宗の僧．東福寺の円爾のもとで出家する．筑前，美濃の寺に住したのち，1307年北条貞時の招きにより東勝寺に入った．のちは東福寺，寿福寺，円覚寺，建長寺と転住し，1321年崇寿寺を開いた．

南洲宏海《なんしゆうこうかい》

臨済宗の僧．出家ののち入宗する．帰国後は兀庵普寧に学んで法を嗣いだ．浄智寺に開山として招かれたが，兀庵普寧を推して准開山となった．

南浦紹明《なんぽじようみん》　1235―1308

臨済宗の僧．駿河国に生まれ，1259年入宗．帰国後は蘭渓道隆に参じる．筑前興徳寺・崇福寺，京都万寿寺に転住して，1307年北条貞時に招かれて建長寺に入った．

日英《にちえい》　1346―1423

日蓮宗の僧．埴谷氏の出身．下総法華経寺の日貞・日尊に師事．千葉氏との

関係を基に，上総・下総を中心に中山門流の発展に努めた．

日叡《にちえい》　1334—97

日蓮宗の僧．護良親王の子といわれる．鎌倉に入り本国寺の日静の弟子となる．同寺が京都に移るとその跡地に妙法寺を創建し父の供養に尽くしたという．

日行《にちぎょう》　1267—1330

日蓮宗の僧．幼少のころ日朗に入門，京都の日像に師事し，大妙寺を建立．晩年には，日蓮が流された佐渡を巡拝して本光寺を建てた．

日賢《にちけん》　1243—1338

日蓮宗の僧．日蓮に入門し，ついで日源・日位に師事し，駿河の海上寺(海長寺)の2世となった．

日実《にちじつ》　？—1314

日蓮宗の僧．日蓮六老僧の1人日昭を助けて鎌倉での布教につとめる．駿河の沼津に庵を結び，海会寺(妙海寺)を開いた．

日什《にちじゅう》　1314—92

日蓮宗の僧，顕本法華宗の開祖．日蓮に感化を受けて67歳で天台宗から日蓮宗へ改宗．1381年に上洛して時の関白や管領に会見．翌年鎌倉に本興寺を建てた．その後も上洛して妙満寺を建てた．

日静《にちじょう》　1298—1369

日蓮宗の僧．師の日印から鎌倉本勝寺を譲られて，1338年に上洛して本勝寺を本国寺とした(のちの本圀寺)．同寺の開山は日蓮とされるが，実質的開山は日静といえ，その系統は六条門流と呼ばれた．

日範《にちはん》　？—1320

日蓮宗の僧．真言宗から日蓮宗に改宗した．京都で日像を助けながら福知山に常照寺を開く．鎌倉に帰る際，伊豆船田に本敬寺，相模雑末に円教寺を建てるなどした．

日祐《にちゆう》　1298—1374

日蓮宗の僧．下総の千葉胤定の猶子．出家して日高に学び，中山門流の貫首となり，下総・上総で主に活動した．

日蓮《にちれん》　1222—82

日蓮宗開祖．安房に生まれ天台宗を修め，故郷の清澄寺に帰るが，のち鎌倉の名越で布教を開始する．法華経至上主義を基に『立正安国論』を著し，執権北条時頼に提出するが，受け入れられず，1271年迫害を受け(竜口法難)，一時佐渡に配流される．赦免後は甲斐身延山に入った．

日朗《にちろう》　1245—1320

日蓮宗の僧．日蓮の高弟「六老僧」の

１人で，日蓮身延入山後も鎌倉で活動．比企谷妙本寺，武蔵池上本門寺を拠点として，関東での布教につとめて弟子を育て，比企谷門流（池上門流）と呼ばれる一派をなした．

日出《にっしゅつ》 1381—1459

日蓮宗の僧．天台宗から改宗．甲斐に正行寺，伊豆三島に本覚寺を開いたのち鎌倉に入る．1436年天台宗宝戒寺の心海との法論ののち，鎌倉公方足利持氏による禁圧を受けるが，のちに夷堂橋の近くに本覚寺を建てた．

日昭《にっしょう》 1221—1323

日蓮宗の僧．日蓮の高弟「六老僧」の１人．鎌倉浜土の法華寺を本拠に活動したが，幕府による弾圧を受ける．相模の名瀬に妙法寺を建てた．両寺を拠点とする日昭門流（浜門流）が形成された．

日親《にっしん》 1407—88

日蓮宗の僧．1427年上洛，さらに筑前・鎌倉に布教．1433年中山門流の鎮西総導師として肥前で活動するがやがて追放される．1440年『立正治国論』を著したため捕らえられ，焼けた鍋を被らされる刑を受けたため「鍋かぶり日親」と呼ばれる．

日惺《にっせい》 1550—98

日蓮宗の僧．京都妙覚寺で学び，1581年鎌倉妙本寺・江戸池上本門寺の貫主となり，徳川家康の江戸入部とともに鎌倉から江戸に移り，善国寺などを開いた．

新田義貞《にったよしさだ》 ？—1338

鎌倉幕府を倒した武将．1333年楠木正成征伐に参加するが上野に戻り挙兵，稲村ヶ崎を越えて鎌倉に入り攻め滅ぼした．後醍醐天皇に重用されるが足利尊氏と対立，湊川の戦に破れて比叡山，次いで越前金崎へ下るが落城．逃れて黒丸城などを攻めるが藤島で没した．

日澄《にっちょう》 1441—1510

京都本国寺の日円のもとで出家し，伊豆で円明寺を開くなどして妙法寺で隠居．著述に専念し，『法華啓運鈔』『日蓮聖人註画讃』などを著した．材木座啓運寺の開山．

忍性《にんしょう》 1217—1303

真言律宗の僧．西大寺の叡尊の弟子として戒律復興・慈善救済事業に努めた．1252年関東に下り常陸で活動，1261年鎌倉に入る．北条氏に重用され，1267年極楽寺に開山として招かれ，伽藍を整え救済療養施設も設けた．死後，極楽寺のほか大和額安寺・竹林寺に分骨された．

比企能員《ひきよしかず》 ？—1203

源頼朝の乳母比企尼の養子で，頼家の

乳母夫となる．平家追討・奥州藤原氏追討に功があり，頼朝の側近として重用された．娘が頼家に嫁し，外戚となり権勢をふるった．北条氏と対立し，1203年の比企氏の乱で一族もろとも没落した．比企氏の墓所が妙本寺にある．

久明親王《ひさあきらしんのう》　1276—1328

第８代将軍．在職1289—1308．後深草天皇の第６皇子．19年間将軍を務めるも実権はなく，この間，北条貞時による得宗専制が進められた．

日《ひ》野《の》俊基《としもと》　？—1332

後醍醐天皇に用いられた公卿．日野資朝とともに天皇の討幕計画に加わるが，1324年・1331年の２度捕らえられ（正中の変・元弘の変），鎌倉に連れられて処刑された．葛原岡神社近くに墓（史跡）がある．

藤原房前《ふじわらのふささき》　681—737

藤原不比等の第２子で，藤原北家の祖．元明上皇の信任を受け，やがて宮廷の武力を司り，東海・東山両道節度使となった．鎌倉長谷寺の開基とされる．

藤原頼嗣《ふじわらのよりつぐ》　1239—56

第５代将軍．在職1244—52．父頼経の跡を受け６歳で継職．摂家将軍２代目となったが，北条氏により廃され，宗尊親王が迎えられ，以後皇族将軍となった．帰洛後の消息は不明．

藤原頼経《ふじわらのよりつね》　1218—56

第４代将軍．在職1219—44．幼名三寅．九条道家の三男で，母は頼朝の姪の娘．源実朝急死後，２歳にして継職．執権政治の下，将軍の実権はなく，執権北条経時に強要され将軍職を子の頼嗣に譲り，追放されて京に帰った．

弁慶《べんけい》　？—1189

源義経の家臣．武蔵坊と号す．比叡山の僧侶であったが，義経に仕え，衣川の合戦で討死した．のちに『平家物語』など文学書の中で豪傑化された．満福寺において，頼朝の義経に対する疑いを晴らすため腰越状を書いたとも伝えられる．

北条氏時《ほうじょううじとき》　？—1531

初代玉縄城主．1526年鎌倉へ侵攻した安房国の里見実堯と激戦したという．玉縄城中に祈願所として円光寺を建立したと伝えられる．

北条氏康《ほうじょううじやす》　1515—71

小田原城主．扇谷上杉氏を滅ぼすなどの戦功を立てた．領内では，税制・貨幣改革，支城制の整備などを行い支配を強化した．鎌倉の大巧寺や長谷寺に土地を寄進した．

北条貞時《ほうじょうさだとき》　1271—1311

第９代執権．在職1284—1301．霜月騒

動では北条時綱と結んで安達泰盛を討ったが，のちに時綱を誅殺して実権を握った．執奏・寄合衆を設け，みずからと一門・御内人による支配力強化を図った．

北条重時《ほうじょうしげとき》　1198—1261

連署，六波羅探題．小侍所別当，駿河守などを歴任したのち，1230年上京して六波羅探題となり，18年にわたって西国御家人を統轄した．1247年女婿である執権北条時頼に招かれ，連署として幕政を補佐した．

北条高時《ほうじょうたかとき》　1303—33

第14代執権．在職1316—26．北条氏最後の得宗．天皇家の両統迭立問題に直面し，倒幕を招いた．新田義貞軍に敗れ，葛西ヶ谷の東勝寺で一門とともに自刃した．鎌倉市小町に高時腹切やぐらがある．宝戒寺は高時の菩提を弔うために後醍醐天皇により建立された．

北条綱成《ほうじょうつななり》　1515—87

玉縄城主．1542年，若くして死去した前城主北条為昌の養子として跡を継いだ．兼任していた河越城での合戦や，第２次国府台の戦，三増合戦で武功を立てた．

北条経時《ほうじょうつねとき》　1224—46

第４代執権．在職1242—46．執権となって，評定衆を３番制にした．藤原頼経を廃して頼嗣を将軍に立てると，みずからの妹を室に入れ，得宗家と将軍家との姻戚関係を復活させた．光明寺に墓所がある．

北条時政《ほうじょうときまさ》　1138—1215

初代執権．在職1203—05．伊豆における源頼朝の監視役であったが，挙兵以来側近として補佐し，義経追討や奥州征討の任にあたった．頼家とは対立し，親裁を停止させて宿老13人の合議制を設けた．実朝を将軍に立てたのちは，政所の執権別当として実権を掌握した．

北条時宗《ほうじょうときむね》　1251—84

第８代執権．在職1268—84．執権就任後，北条教時らを誅殺して得宗としての地位を固めた．モンゴル襲来に際しては，幕府の中心となって防御体制を整えた．禅宗に深く帰依し，蘭渓道隆らに師事し，1282年円覚寺を創建した．塔頭仏日庵に廟所がある．

北条時村《ほうじょうときむら》　1242—1305

評定衆，六波羅探題，引付頭，寄合衆，連署．和泉・美濃・周防・長門の守護も務めた．1305年北条宗方の乱の際，誅殺された．

北条時頼《ほうじょうときより》　1227—63

第５代執権．在職1246—56．執権を継いだのち，前将軍藤原頼経，三浦氏などの対立勢力を抑えて実権を確立，得

宗家の権力増大を図った．物価統制・倹約の奨励を行い，外様御家人・農民を保護し善政と評価された．禅宗の信仰が篤く，建長寺を創建した．

北条長時《ほうじょうながとき》　1230—64

第６代執権．在職1256—64．鎌倉に生まれ，京都との間を往復しつつ六波羅探題，評定衆，武蔵守を歴任した．嫡流の時宗が成長するまでの中継ぎとして執権に任じられ，実権は前任の時頼に握られていた．

北条煕時《ほうじょうひろとき》　1279—1315

第12代執権．在職1312—15．1305年北条宗方の乱の際，貞時の命を受けて執権宗宣とともに宗方を討った．執権在職中は連署を置かなかった．

北条政子《ほうじょうまさこ》　1157—1225

源頼朝の正妻．頼朝の伊豆配流時に出会い，子をなし，以後将軍頼家・実朝を生み，御台所の地位を確かなものとした．頼朝没後には，政治力も増し北条氏の地位向上を図り，執権政治の基を築いた．承久の変時の頼朝の恩義を説く演説や『吾妻鏡』などに多くのエピソードが知られる．

北条政村《ほうじょうまさむら》　1205—73

第７代執権．在職1264—68．連署として執権北条時頼・長時を補佐し，執権就任後は，宗尊親王から惟康王への将軍交替や引付衆の廃止などを行なった．時宗に執権を譲ったのち、再び連署として元寇の対処などに尽力した．

北条宗方《ほうじょうむねかた》　1278—1305

六波羅探題，評定衆．1297年六波羅探題北方に任じられ，南方の北条(大仏)宗宣との連署の文書が数年分にわたって遺されている．1305年乱を起して北条時村を誅殺し，貞時の命により追討された．

北条宗政《ほうじょうむねまさ》　1253—81

評定衆，引付頭．西殿とも呼ばれた．武蔵守・筑後守護なども歴任した．

北条基時《ほうじょうもととき》　？—1333

第13代執権．在職1315—16．六波羅探題の任にあったが，辞任して鎌倉に帰着し，のち執権となった．元弘の乱において，化粧坂を守って新田義貞軍を支えたが，東勝寺で一族とともに自刃した．

北条師時《ほうじょうもろとき》　1275—1311

第10代執権．在職1301—11．師時の執権登用への反発が原因となって北条宗方の乱が起きた．在職中，夜討・強盗などを取り締まる法令を多く出し，訴訟の手続きを簡略化した．

北条泰時《ほうじょうやすとき》　1183—1242

第３代執権．在職1224—42．1221年承

久の乱を鎮圧し，六波羅探題の職務にあたった．北条政子の死後，連署・評定衆の設置，『御成敗式目』の制定，和賀江島築港・鎌倉大仏殿建立の援助のほか，土地制度や財政などさまざまな整備・革新を行い，その政治は世に広く讃えられた．

北条義時《ほうじようよしとき》　1163—1224

第2代執権．在職1205—24．源頼朝の側近であったが頼家を殺害し，北条時政を失脚させて政所別当となり，和田氏の乱鎮圧後は侍所別当にも就任した．1221年承久の乱で後鳥羽上皇に大勝し，すでに幕府内部で独裁的であった権力が朝廷に，また全国に拡大した．

三浦泰村《みうらやすむら》　1184—1247

評定衆．弟が北条時頼に対する謀反を企てたため，姻戚関係を結んでいた北条氏との対立が深まった．時頼と安達泰盛に攻撃され，源頼朝の墓のある法華堂において一族とともに自害した．

密室守厳《みつしつしゆごん》

臨済宗の僧．建長寺西来庵の塔主．属していた大覚派が仏光派と対立した際，北条時宗・蘭渓道隆にゆかりのある観音像胎内の円鑑を円覚寺から奪った．のち禅興寺に住し，明月院を構えて退去した．

源 実朝《みなもとのさねとも》　1192—1219

第3代将軍．在職1203—19．2代頼家の修善寺幽閉後に12歳で将軍職についた．幼少のため母政子が主導権を握った．政治的実権のなさの代償に和歌への関心が強く，歌集『金槐和歌集』がある．渡宋の志があったが，実現しなかった．頼家の遺子公暁に暗殺された．

源 義家《みなもとのよしいえ》　1039—1106

陸奥守，鎮守府将軍．前九年の役では父頼義とともに戦い，1083年の後三年の役では首謀者となった．家臣の領地争いをめぐって弟と対立した際，主家の関白藤原師実により義家が設立した荘園を停止され，経済基盤が揺らぐこととなった．

源 義経《みなもとのよしつね》　1159—89

源頼朝の異母弟．幼名牛若丸，のち九郎判官．1180年平泉を離れて兄頼朝の挙兵に参加した．入京後，平氏追討の任に就き，1185年壇ノ浦で壊滅させた．しかし頼朝の不信をかい，腰越状を送って弁明を試みるが許されず，ついに謀反を決意．幕府側の追撃の中，逃亡の末に討たれた．

源 頼家《みなもとのよりいえ》　1182—1204

第2代将軍．在職1202—03．就任後まもなく北条時政ら13人の宿老会議に実権を奪われた．時政が出した頼家死後

の地頭職分譲案を機に対立は深まり，追討を和田義盛らに命ずるが果たせず，伊豆修禅寺に幽閉された．

源《みなもとの》 頼朝《よりとも》　1147—99

鎌倉幕府の創始者，初代将軍．在職1192—99．平治の乱に敗れて伊豆に配流されたが，1180年に挙兵．鎌倉を本拠とした東国の地方政権を立てた．平氏・奥州藤原氏を滅ぼし，守護・地頭の設置によって西国武士の統率権を得，勢力を拡大した．1192年征夷大将軍に任命．神仏への信仰も篤く，鶴岡八幡宮の発展，勝長寿院の造営などに尽力した．

源《みなもとの》 頼義《よりよし》　988—1075

陸奥守，鎮守府将軍．前九年の役で武功を立て，伊予守に任じられて上洛する途中の1063年，石清水八幡宮を鎌倉由比郷に勧請した．同宮はのち鶴岡八幡宮として発展する．

明庵栄西《みようあんえいさい》　1141—1215

日本臨済宗の開祖．入宋して黄竜派の禅を学び，1195年博多に聖福寺を開き，鎌倉に下って北条政子の帰依を受け寿福寺に住した．また，日本に茶をもたらし，源実朝の病気平癒の祈禱を行うとともに『喫茶養生記』を献じた．

無学《むがく》祖元《そげん》　1226—86

臨済宗の僧．1279年北条時宗の招請により来日し，建長寺に入寺した．1282年には円覚寺の開山となった．老婆禅という指導法により鎌倉武士の支持を得た．多数の門徒がおり，仏光派の祖となった．

無礙《むげ》妙謙《みようけん》　？—1369

臨済宗の僧．入元して修行し，帰国後に上杉憲顕の帰依を受けて伊豆国清寺の開山となった．円覚寺・寿福寺にも住持し，師高峯顕日の塔所である建長寺正統庵の塔主も務めた．

夢窓《むそう》疎石《そせき》　1275—1351

臨済宗の僧．天台宗から転じて1295年に鎌倉へ赴く．浄智寺・円覚寺・建長寺に住持し，瑞泉寺を開創した．甲州の恵林寺，京都の天竜寺・相国寺の開祖，南禅寺の住持となり，天皇家や将軍家からも厚い礼遇を受けた．

宗尊親王《むねたかしんのう》　1242—74

第６代将軍．在職1252—66．政治的実権を北条氏に握られる中，和歌に傾倒した．歌会を盛んに開き，『初心愚草』を編んだ．家集に『文応三百首』などがある．

守邦親王《もりくにしんのう》　1301—33

第９代将軍．在職1308—33．鎌倉時代末期の後醍醐天皇による親政，討幕運動の中で，最後の将軍として25年にわたり在任した．

護良親王《よりよししんのう》　？—1335

後醍醐天皇の皇子．大塔宮．元弘の乱で勤王武士を率いて勝利に貢献した武功により，明治初年創建の鎌倉宮に祀られる．兵権の中枢にあったが，1334年足利尊氏と対立して鎌倉に幽閉された．

文覚《もんがく》　1139—1203

真言宗の僧．神護寺復興を志し，1173年後白河上皇に寄付を強要したことにより伊豆へ流される．その地で源頼朝と親交を結び，平家打倒を勧めたともいわれる．のち，神護寺・東寺などの修繕に尽力した．

惟賢《ゆいけん》　1284—1378

天台宗の僧．師である円観の命により1333年に鎌倉へ下り，翌年に宝戒寺が建立されると，法門を広める拠点とした．

蘭渓道隆《らんけいどうりゅう》　1213—78

臨済宗の僧．大覚禅師．1246年宋より渡来した．北条時頼に請われて大船の常楽寺に入寺し，さらに建長寺の開山となる．寿福寺・山城の建仁寺にも住持し，円覚寺の寺地選定にも寄与した．

冷泉為相《れいぜいためすけ》　1263—1328

歌人．冷泉家の祖．『十六夜日記』にみえる兄弟間の土地の訴訟が一因となって東下し，関東の要人と親交を結び，『拾遺風体和歌集』などの撰者となった．浄光明寺に墓と伝えられる石塔がある．

和田義盛《わだよしもり》　1147—1213

初代侍所別当．源頼朝に近侍し，1180年侍所別当に任命された．奥州征伐でともに武功を立てた梶原景時を失脚させ，勢力を増した．協調していた北条氏との関係が崩れて和田合戦が起き，敗死した．